AMUSICAD
OTEMPOI
INFINITO
AMUSICAD
OTEMPOI
INFINITO
AMUSICAD
OTEMPOI
INFINITO

COSACNAIFY

A MÚ
DO I
INFI

SICA
EMPO
NITO

ALES A.M. AB'SÁBER

Não há conhecimento de si, a não ser histórico. Não sabe o que é quem não sabe o que são os companheiros, sobretudo o supremo companheiro da aliança, o mestre dos mestres, o gênio da época.

Friedrich Schlegel

A identificação imediata e automática – que pode ter sido caracteristica das formas primitivas de associação – reaparece na civilização industrial avançada; contudo sua "imediação" é o produto de uma gerência e organização complicadas e científicas. Neste processo, a dimensão interior da mente, na qual a oposição ao status quo pode criar raízes, é desbastada.

Herbert Marcuse

O espetáculo avança celeremente, como o capitalismo em geral, em consequência da tendência à queda da taxa de ilusão.

T. J. Clark

Introdução

O que sim e o que não

Este trabalho é um exercício de um certo potencial da escrita psicanalítica que não tem sido valorizado há algum tempo. Trata-se do valor de *especulação* da disciplina, dimensão do trabalho do conceito próxima das possibilidades da *forma ensaio*, com a qual a psicanálise tem uma afinidade eletiva. Não será por acaso que o modelo aqui, mesmo que muito distante, seja o de Freud em *Além do princípio do prazer*, e não em *A interpretação dos sonhos*. E, menos ainda, em *O ego e o id*, sendo que este último tipo de escrito de alta teoria e mais próximo do registro *dogmático* – tal qual o próprio Freud concebeu esta modalidade de escritura – é, em geral, a forma freudiana preferida da transmissão psicanalítica entre nós. Ficaremos um pouco distantes do mundo comum da psicanálise como ele se configurou, com bons resultados, no Brasil.

Assim o campo das angústias desestruturantes e sua *ordem social*, a noção freudiana radical de *pulsão de morte*, em conjunto com *uma modalidade histórica de sua apresentação*, serão rediscutidos aqui mais uma vez, configurando um trabalho que já é quase tradicional no mundo da psicanálise quando se trata desse ponto.

Por outro lado, o princípio de formação de pensamentos para além da ordem estabilizada das coisas, como foi o próprio pensamento *da ordem das razões oníricas* e *na ordem das razões oníricas* de Freud, deverá ser exercitado no limite das minhas possibilidades, ao menos para este momento histórico. Este trabalho alinha-se, em espírito, carne e osso, com a verdade contida no chocante *chiste* de Adorno sobre a psicanálise, um dentre muitos: "Em psicanálise nada é verdadeiro, a não ser os seus exageros".

De fato, pretendi trabalhar, ao menos uma vez, nos limites. Acredito que o objeto, ele mesmo *limite* entre existência, psiquismo e vida social, assim o exija. O mundo a que me dedico neste ensaio pode ser visto como uma parte – que ao mesmo tempo é um *mundo* e é o *centro* de certa expansão da realidade contemporânea – daquilo que já há muito, e não sem contradições, se convencionou chamar de *indústria cultural*. Trata-se de um setor ativo e particular desta esfera mais ampla, o campo contemporâneo da *indústria da diversão*. Sendo assim, o tipo de prática ritual dos jovens *políticos* e de *tendências de ponta*, como a si próprios se concebem, que vou estudar neste trabalho, corresponde amplamente, e não guarda muita diferença de fato, às modalidades de diversão de massas regionais, tradicionais ou não, como são os vários tipos de carnavais e festividades populares, desde que igualmente articulados ao circuito industrial e consumível da diversão.

Na vida sob o regime da diversão, os jovens que curtem DJs, moda, drogas e nova informação fetichista, "elevada", não são em essência muito diferentes dos que bebem muito, cultivam sua própria moda local, com seu desejo consumista médio, e curtem festivais populares de massa como o carnaval da Bahia ou os rodeios de Barretos, por exemplo. Eles são todos igualmente sujeitos, mas também objetos, modulados pela grande indústria geral da diversão e da noite, com seus códigos, suas ofertas e seus limites, esfera muito bem articulada ao todo da vida econômica e social.

No entanto, noutra perspectiva, o mundo da noite eletrônica se diferencia claramente desse circuito localista da diversão de massas por algumas características específicas, estudadas em detalhes mais adiante: a ilusão de pertencer a um circuito simbólico de produção internacionalizada na raiz, sendo este um campo de expressão de um mundo desde sempre globalizado – configurando mesmo uma das apresentações mais fortes do que pode ser um modelo de *cultura globalizada* –, o grande mundo pop da cultura; o contato constante com tensões sociais mais amplas e ainda tidas como de vanguarda, como o universo e a problemática gay, por exemplo; a manutenção tardia da noção de vanguarda estética, que deve ainda garantir ganhos de distinção ante o todo do espaço social-mercadológico médio e, por fim, mas não menos importante, o desejo indiferentemente forte, ou tênue, de ser a linha evolutiva, atualizada, da grande tradição contracultural e política da juventude ocidental. Além disso, me parece, é apenas neste mundo que *o centro da vida e da existência de um jovem pode se deslocar inteiramente para a noite* – como ocorria com a antiga boêmia, mas, diferentemente dela, em uma escala de massas, comum e internacionalizada, nunca antes vista – em oposição ao mundo da produção do dia. Como veremos, tal ordem de experiências estabeleceu uma ampla e nova ordem de subjetivação, que podemos desde já nomear com alguma correção como sendo a vida sob o regime da *diversão conspícua*.

Este é um estudo sobre a dinâmica da captura de potências utópicas. É um estudo sobre a natureza da *retórica da assimilação* – para lembrarmos Paulo Arantes desde já –, de um espaço que concebeu a si mesmo como herdeiro legítimo do universo contracultural das décadas de 1960 e 1970: o mundo da música, da vida e da noite eletrônicas dos anos 1990 e 2000.

Trata-se, como veremos, de um mundo que fundiu e deu forma, a seu modo histórico único, a três *dimensões* do humano que não costumam ser aproximadas de nenhum modo: utopia, niilismo e pragmatismo de inserção social. Trata-se, também, de um espaço de práticas, objetos estéticos, esperanças ideológicas e produtividades sociais próprias, que poderia ser pensado, e o foi, como um *movimento*, posicionado entre a juventude e a vida adulta, em um mundo recentemente igualado na universalidade do novo mercado tecnológico.

Esta nova esfera contemporânea de *ornamento das massas* também chegou a desenvolver uma nova espécie de *aparelho*, do qual seus criadores foram de algum modo autoconscientes, como veremos adiante, uma "organização estratégica de tecnologias, envolvendo música, química e computadores". Para mim, esta multiplicidade de ações e dimensões, todas ligadas à vida, permite um tipo de análise semelhante à prática dialética de inquirir o sonho, o mais plural dos objetos da produção psíquica humana. Como Walter Benjamin supôs um dia, as formas sociais *também sonham*, e também necessitam, ainda, de um *despertar histórico*.

O estudo é também, em outra medida, uma tentativa mais desenvolvida de definir o valor subjetivo e do posicionamento do sujeito em relação ao que Pier Paolo Pasolini definiu tão bem, às vésperas de sua morte, como o nosso estado geral de *fascismo de consumo*. É realmente importante, e está para ser feita, a história social de como cada elemento da experiência do modernismo avançado e da contracultura jovem ocidental foi capturado como modo de estilo referido abstratamente ao todo, gerando mercadorias para alimento do comércio e da vida espetacular mais comum, bem ao contrário das esperanças críticas originalmente expressas naqueles universos. Enfim, a história de como o impulso contracultural alimentou o pacto produtivo, que o corroeu, entre uma nova cultura (pós-moderna) e a universalização e o desenvolvimento de um *sujeito do* e *para o* consumo.

O trabalho procura circunscrever e definir uma situação concreta que está ligada ao movimento mais amplo das práticas sociais e ansiedades do que Luc Boltanski e Eve Chiapello chamaram, em seu livro sobre as novas modalidades de gestão capitalista, de problemática da *crítica artística* ao capitalismo, e a sua nova incorporação.[1] Portanto, este *não é* um trabalho sobre as potências utópicas próprias deste mundo pop, intenso e criativo, mas sim sobre *de que modo* estas intensidades foram desperdiçadas: o mesmo modo geral das forças que, acredito, submetem o nosso mundo. Um exemplo: não vou estudar a emergência histórica da *house music*, música eletrônica pulsante e visceral, eletropunk de base negra, que teve origem exatamente nas importantes ocupações anarquistas e punks de prédios e galpões abandonados em Londres e Berlim em meados dos anos 1980. Para aquelas casas ocupadas, e sua festa pós-burguesa, se desenvolveu uma música de pesquisa, que só era tocada em casa: era a *house*. Assim, desta transposição do princípio da propriedade, momento utópico prático e material, articulou-se o significante *house* a um novo objeto estético, emergente em uma prática viva, de existência política, *significante* que evocava então o familiar e o abrigo civilizatório no interior de uma música furiosa e orgiástica, como o seu próprio mundo.

Mas esta versão das coisas é um *mito,* no sentido que Wilfred Bion conferia ao termo, uma narrativa que serve para pensar a realidade e permitir sua inscrição mnemônica, em algum grau de aproximação dela, mas também em algum grau de afastamento e distorção: foi assim que esta história me foi contada por um adepto que *sonhava* o momento utópico daquele mundo e o "transformou" emocionalmente *na direção do mito da ocupação das casas pela música house*, quando, *de fato*, a história indica que a *house music* foi *apenas* a música dançante originalmente desenvolvida na boate *The Warehouse*, na Chicago gay, negra e latina, do final dos anos 1970. Estas duas versões confrontantes das origens da música eletrônica já nos apontam para o mundo escorregadio de experiência, sonho e desejo que é mesmo como funciona este espaço social.

Também deixarei de investigar o momento histórico e político do *transe* massivo das raves, que na Inglaterra, por exemplo, chegaram a ser proibidas: a quantidade de pessoas envolvidas era tanta que se chegou a ocupar e bloquear as estradas próximas às fazendas onde as grandes festas do tempo infinito da música eletrônica aconteciam.

Esta expansão alucinatória do *outro tempo*, cortando, interrompendo, sem consciência, o caminho do tempo abstrato e linear das estradas da comunicação e da produção capitalista também é bastante sugestiva do potencial de *outridade* própria a este mundo, em sua origem. Certamente seus adeptos, em um movimento que se tornou de massas, acreditavam estar realizando em seu gesto dionisíaco e individual algo como o *agora* mais pleno de significado por se retirar da história linear e abstrata do progresso e do poder, tão discutido por Walter Benjamin. Não será este tipo de raciocínio dialético com a positividade utópica deste mundo, até segunda ordem para mim perdida, que este trabalho vai desenvolver, embora em alguns momentos ele toque em problemas como este.

Muito do *vazio* que será identificado neste novo uso do corpo e da noite no capitalismo de nossa época porta problemas de grande interesse social, e mesmo político. O fato, este sim verdadeiro, de uma das correntes mais importantes da música eletrônica de dança ter sido gestada na Detroit *esvaziada* de suas indústrias (e portanto do próprio mundo do trabalho e seu tipo e natureza de produção social) a partir dos anos 1980, e que os produtores desta música a considerassem *a forma da própria ocupação deste vazio*, é precisamente revelador dos elementos que estão em jogo aqui. A transição de um modo de capitalismo de produção para um de consumo – do antigo mundo do emprego para o mundo do excesso de trabalho, mas sem emprego, alavancado na cultura total da imagem e do ato de consumir mais e mais – foi acompanhada por uma mudança radical no sentido do que vem a ser uma música de dança, um corpo e espírito para o tempo livre do trabalho, e também no interessante sentido do que vem a ser a noite, explorada de modo já muito avançado pela técnica, e reinventada desde longa data, até a sua forma contemporânea, pelo capital.

Esse estudo pretende também alcançar e tangenciar o presente, lidando, todavia, com um mundo que não é, aparentemente, reflexivo, e ainda menos conceitual, apesar do esforço, muito digno, de alguns intelectuais ligados ao movimento em conceituá-lo.[2] E este é um paradoxo objetivamente constituído. Aqui se está às voltas com o problema já indicado por Gianni Vattimo, em seu estudo sobre o vínculo entre niilismo e pós-modernismo: "o niilismo existe em ato, não se pode fazer um balanço dele". Mas, prossegue o filósofo italiano, "pode-se e deve-se procurar compreender em que ponto se encontra, em que nos concerne, a que opções e atitudes nos convoca". A situação teórica e humana aqui é exatamente esta, *em que ponto e modo de ser estético e político* se encontra "algo" do nosso niilismo contemporâneo. E, paradoxalmente, o cenário sensível a que vou me dedicar aqui não deixa de ser um panorama, um "balanço", de *um certo* niilismo de nosso tempo.

Creio que, sendo assim, cabe uma prévia satisfação àqueles a que as razões aqui trabalhadas devem negar ou confrontar, embora certas dores, como os psicanalistas não se cansam de comprovar, possam significar mesmo uma ampla expansão na capacidade de pensar. Para essa desculpa vou emprestar as palavras de um pensador de outro momento de nossa modernidade:

> Saber e prática enfrentam a mesma infinidade do real histórico, mas respondem de dois modos opostos: o saber, multiplicando

> os pontos de vista, por meio de conclusões provisórias, abertas, motivadas, isto é, condicionais; a prática por meio de decisões absolutas, parciais, injustificáveis.

Ou, de um ponto de vista sintético sobre a necessária negatividade que o presente deveria nos exigir, nas palavras um pouco mais fortes do mesmo Merleau-Ponty: "O presente somos nós; para ser ele espera nosso consentimento ou nossa recusa". [3]

Em linhas gerais estamos navegando aqui, em termos mais antigos, nas complexas águas da articulação de *Eros e civilização,* ou, o seu outro lado da moeda, ainda mais antigo, do mal-estar na civilização. Como Freud deixou claro em seu estudo célebre sobre o tema, a vida humana simplesmente não é possível sem *poderosos derivativos simbólicos* que deem conta do mal-estar constante da repressão, ou, na maioria dos casos, ela não é possível sem *satisfações substitutivas,* ou mesmo o uso de química, o *farmacon,* a droga, para dar conta do mal-estar e da dor constante da realidade. Marcuse, em muitos trabalhos, avança em relação a Freud na ideia significativa de que esta relação genérica e abstrata entre o pulsional e o princípio da realidade necessita também ser articulada *a uma verdade política,* do maior interesse humano, no final das contas, a de *qual é a direção de verdade coletiva e humana do uso necessário do prazer*. É neste ponto, meio complicado, entre o valor radical dos usos do prazer e o seu saldo no desenho de nosso mundo, envolvendo subjetivação, forma social e poder, que este trabalho busca se enraizar.

Com este princípio de valor geral das coisas, eu me posiciono diante de uma prática de existência que certamente me ultrapassa. Este é o meu modo de me aproximar dela, que contém alguns ganhos e verdadeiras perdas. Também aqui o *cinza sobre o cinza* do pensamento deve significar *o envelhecimento de uma forma da vida*, e, neste mundo que resolvi estudar, qualquer envelhecimento de suas formas é mesmo trágico e difícil, dada sua tendência mágica à adolescência eterna, sempre confirmada pela juventude eterna própria à vida mágica da mercadoria.

É certo que este mundo vital e expressivo contém potências humanas, desejantes e políticas, fundamentais, que estudarei aqui, como já foi dito, *em seu estado avançado de captura*. São por estas potências e para estas potências que de fato escrevo, para que a política e a poderosa força de produção social que foi comprada aqui pela forma mercadoria de sempre *volte a se produzir como política e como* potência *mais ampla*. Ela necessita reencontrar a sua própria *ação* em seu gesto de *gozar sem nenhum limite*, como dizia o velho slogan das paredes de 1968, *realizado* hoje ao modo que estudaremos. Seria bom e esperançoso que o discurso histórico e problematizador que apresento aqui pudesse encontrar o seu próprio objeto em alguma espécie de *entrelugar* da cultura, algum *interstício* das diferenças de perspectiva e tipo de comprometimento, como teorizou e propôs o crítico indo-britânico Homi Bhabha a respeito das tensões produtivas do *local da cultura* pós-colonial, algo que nos anos 1960 de fato aconteceu com o pensamento crítico em vários lugares simultâneos do mundo.

O primeiro – sintético e cifrado, além de o menor – dos três ensaios muito diferentes entre si que seguem, sobre o espírito do tempo na música eletrônica, foi publicado em uma versão ligeiramente reduzida, sem notas, no caderno Mais!, da *Folha de S.Paulo*, no já longínquo ano de 2001. Ele tem a vantagem de estar ainda muito próximo do auge histórico do fenômeno social e humano. Este trabalho mais antigo, e algo enigmático, deu origem aos demais. Ele representa minha primeira aproximação da coisa. Os outros dois, entre sociológicos e psicanalíticos – eu preferiria dizer *críticos* –, a respeito da vida sob a indústria da noite e da diversão e sobre o valor das drogas na cultura contemporânea, aparecem aqui pela primeira vez. Eles foram escritos, em grande parte, exatamente no período que antecedeu a quebra dos mercados mundiais de capital de outubro de 2008, e um mínimo fragmento do segundo estudo também apareceu em um número do Mais!, no início de 2009. Poderá ser sensível, talvez, com o passar do tempo, e com o andamento da revelação da grande crise em que estamos metidos, a nossa distância deste circuito ideológico radical apresentado aqui, uma das facetas simbólicas e práticas mais intensas da grande e infernal era neoliberal, que se estendeu do final do século XX até ontem.

Em conjunto, estes textos representam um estudo da dinâmica da vida do espírito e do corpo humanos no auge de um período de poder total do dinheiro e do mercado, de algum modo uma certa nova ordem de *espírito do capitalismo*, realizado.

Junho de 2010

1

Faster, faster, pussycat, kill, kill, kill!

O músico tecno se move o tempo todo. Seu corpo pulsante é parte constitutiva de seu espetáculo, bem como parece ser o agonismo final de quem proporciona prazer ao outro como profissão e parece obrigado, aprisionado mesmo, a pulsar sexualmente, em uma repetição sem fim, *ali mesmo onde trabalha*.

Haveria assim uma subterrânea correspondência entre o corpo autoerótico do músico tecno e o corpo da prostituta: ela foi a prisioneira do prazer na época em que a humanidade encarnou o próprio corpo. O músico tecno, como ela, é obrigado a contorcer-se e a gozar em falso, no tempo em que a experiência humana é puro corpo, ou pura técnica, ambos desencarnados de humanidade. Como todos sabemos, *a mercadoria perdeu a forma concreta* e evaporou-se como fantasma por toda a cultura. Os novos músicos parecem ser as sacerdotisas eróticas desta desmaterialização.

Tal condenação ao prazer e ao próprio corpo aproxima nitidamente estes artistas da cultura hipersexualizada de nosso tempo. Eles também são objetos de nossa espetacular erotização das mediações sociais. O músico tecno e sua tribo de jovens hipererotizados e sem destino dissolvem a massiva cultura da *pornografia de consumo* – a fusão de mercadoria e corpo erógeno –, em um estado alegre e festivo, inofensivo a qualquer ordem, ao mesmo tempo que são docilmente coerentes com as formas mais pobres e duras da captura de nossos espíritos. Assim, o músico tecno e seu povo estariam beirando o novo *fascismo do consumo* – afinal festejar o quê? –, se não insistissem na dimensão radicalmente *antiteleológica* e *antiutópica* de sua música e cultura. Essa falta assumida de projeto humano radicaliza o paradoxo: de fato, festeja-se o fato de não haver nada a festejar. Todos se salvam assim, por um fio, o de se saber não habitando este mundo, e nenhum outro, e concentram-se em seus corpos, em um erotismo autoimune, espécie de ato intelectual que desconsidera definitivamente a ação no mundo da cultura, ação humana que foi inteiramente transposta para o palco do mundo do corpo.

O corpo do músico tecno é um corpo triste. Espécie de Sísifo de nosso tempo, é necessário que ele goze indefinidamente, que ele pulse imensamente, sem poder parar, quando ele mesmo anuncia o vazio em que há muito pouco a habitar. Seu corpo se contorce, pulsa e sua, titeriza uma espécie de sujeito operando um vazio: sua música, evidentemente, vem de todos os lugares, menos daquele corpo e de seu gesto, que dança uma dança própria que também não está a ela conectada. Na gestualidade do músico tecno não encontramos mais sua música: nunca a desconexão entre o tempo e o sentido, nosso corpo produtor de tais fantasmagorias, foi tão intensa.

Elvis Presley era o corpo branco na voz negra, e sua dança anunciou todo o sentido de uma época. Os Beatles eram em grande parte os seus corpos em evolução simbólica viva na cultura. Jimi Hendrix era a sua guitarra: o pop surgiu sobre a conexão de corpo e som, guardando uma velha tradição popular do sujeito do canto, e do intérprete erudito em sua relação gestual intensa e articulada ao seu instrumento. Tal mundo desencarnou-se e aprisionou o corpo de seus protagonistas ao vazio: quando Kraftwerk inicia oficialmente a música tecno na Alemanha dos anos 1970, os músicos já se concebiam frios e distantes de qualquer verdade que habitasse a música, como operadores ascéticos de um laboratório científico. Hoje, a pulsação do músico tecno é corpo coração, é corpo suor, é corpo esperma, é corpo aproximado do ser corpo, é corpo que é corpo que é corpo, enquanto a alma... alucina. Tais corpos puros e vazios do próprio prazer se anunciaram na adolescência do rock, quando as meninas mais gritavam e gozavam pelo que viam – ou pela *luz intensa* que as cegava e elas *não* viam – do que ouviam qualquer música. Já em Woodstock se apresentavam inteiros na dissociação puro corpo/alucinação, em uma época em que a mercadoria ainda não invadira todo o campo do espírito, ainda não se transformara no fluxo delirante de toda a cultura.

A música tecno é alma liberta de corpo, de corpos que foram concentrados em si. A cultura da tecnologia não produziu uma regressão da audição, como um dia se pensou, mas talvez tenha produzido uma regressão concentrada no corpo puro e sem destino, enquanto fez coincidir as expansões cíclicas infinitas da música com a alma que se surpreende totalmente abstrata.

Quando ouvimos a música tecno temos, por um segundo, *uma experiência intelectual*, que parece ser a do choque das energias psíquicas humanas refluindo sobre o próprio corpo, o que simula um momento da autonomia do pensamento, mas, ao contrário do pensamento, nos faz solitários, em *uma experiência sensorial sem compartilhamento*. Nas festas raves da cultura tecno todos alucinam individualmente, e o todo apenas amplifica as cargas sensórias da experiência pessoal, a única que interessa.[1] Assim, anuncia-se um narcisismo encapsulado à mecânica do corpo, *um narcisismo sem eu*, eu que, agora, dissolve-se nas intensidades espetaculares ou estranhas das texturas sonoras que se espalham pela música. A música dissocia assim sua pulsação pura, para o controle de corpo pulsante, e sua alma colorida, abstrata e inteiramente desencarnada, *plasticamente vazia*, como o eu em nosso tempo.

O corpo purificado em sua experiência de si, observando a alma a habitar a alucinação distante, próprio à música tecno – e o uso generalizado da droga nas festas acentua exatamente esta distância – é correlato aos produtos da indústria cultural do corpo, onde as mulheres dedicam a vida a um pouco mais de silicone em seus seios, onde são os corpos hiperinvestidos que significam ser, enquanto toda tentativa de eu sofre uma espécie de fraqueza crônica neste aprisionamento no que é material e industrialmente estético de si. O espetáculo da moda, como a música tecno, nos proporciona cotidianamente a visão nítida do anacronismo do eu diante da vitória retumbante do corpo e da forma. Ficou famosa, como índice do rancor de nossa classe média, a imagem do garoto pobre "que mata por um par de tênis": nada mais adequado para vislumbrarmos o estado geral da cultura do eu submetido à imagem industrial e ao império das formas do puro corpo.

O funk carioca me parece ser um episódio radical dos mesmos problemas. Tecno de fundo de quintal, nele podemos ver com mais nitidez as conexões de tal uso do corpo na cultura e a prostituição nela mal sublimada. Tudo bastante afinado à generalização da indústria da autopromoção e valorização a qualquer custo, mundo individualista e hedonista ao extremo. A prostituição que se vislumbra no horizonte de tal mundo é apenas a tomada definitiva dos atores culturais pela lógica mercantil. Os garotos pobres das favelas do Rio leram tudo isso ao pé da letra, mas não podemos negar que leram bem: gozar é vender, vender é gozar. Corpo e mercado se encontram, enquanto o eu é quem masoquisticamente se submete.

O músico tecno é, nesta forma geral, o poeta dos novos profissionais, que talvez nunca tenham se deparado com um poema em suas existências: o jogador financeiro o imita, agitando-se sem parar, achando, anacronicamente, que sua angústia tem algum sentido humano; o jovem engenheiro ou jornalista da internet se excita o dia inteiro com a informação vazia, e quer que os outros acreditem em sua própria excitação quando sabe que não tem absolutamente nada a oferecer e nada a criar em seu próprio mundo. Todos se movem sem parar por um todo que não lhes pertence e mal os convence. Sustentam um sistema que paira sobre eles, em abstrato – como aquele plano de raio laser bastante comum nas apresentações tecno – e que, se lhes dá sobrevivência, despreza-os absolutamente por ser nítido o quanto essas pessoas são sujeitos do nada. O músico tecno mantém o sistema de sua música vivo, lá acima e além dele: ele mesmo é objeto dela, jamais seu criador. Avatar do capitalismo total, o corpo tornou-se automatismo técnico que necessita desesperadamente ser movimento e gozo: espécie de comemoração de um mecanismo que se reproduz enquanto se autocelebra. Tecnologia digital e mania celebram os corpos pulsantes e vazios de algum projeto humano.

Também é muito curioso como o músico tecno move botões, compenetra-se em sua tarefa, oscila sempre de sequenciadores para samplers, de samplers para sintetizadores, sem demonstrar nenhuma paixão, ou razão, naquilo que faz tão bem. Ele trabalha no limite de suas forças e por nada: eis aí a proposta atual da reprodução total do capital sobre cada um de nós. Diante da cultura tecno, feliz e melancólica, altamente produtiva, há de se perguntar, *quem goza?*

Corra, Lola, corra,[2] espécie de manifesto de uma cultura que ganha consciência de si mesma, coloca a ação à frente de qualquer pensamento. Lembremos rapidamente o filme: tendo que salvar o namorado envolvido em um quiproquó com um traficante, Lola tem vinte minutos para arranjar uma grande soma de dinheiro, e o filme é sua desabalada corrida por Berlim ao som da música tecno, a qual, em um movimento ao contrário, fundida com o corpo de Lola em sua corrida, é a verdadeira personagem do filme.

No filme há um tempo no futuro, que nada tem de redenção, mas é o anúncio da morte, e do fim do último traço de humanidade, um resto de amor, que pressiona o presente de forma definitiva à velocidade sem fim dos corpos. O filme é belo e altamente informado na qualidade de sua imagem: tal cultura do design e da técnica preenche seu destino extremo e vazio com conforto e informação.

Como muitos perceberam, o filme fala de nós. Nossa pulsão veloz, nossa urgência, nosso risco de vida – nosso frequentar o rápido e superficial vazio da internet, em vez do material e pausado mundo do livro, da palavra feita de pele, tempo e presença –, nossa busca intensa de experiências sobre a mais profunda instabilidade e insatisfação fazem de nossos corpos a bala que avança rumo ao futuro. Futuro que, na velocidade desumana, já vislumbramos como necessariamente vazio, distante de qualquer condição simbólica que implique o silêncio.[3]

A máxima velocidade foi feita para a luz que atravessa o universo frio sem nada conhecer. Mas hoje, como Lola, somos homens-bala, homens-luz: a *pulsão veloz* do encontro de nosso corpo com o ritmo da produção e reprodução do capital é a que rege nosso desejo cotidiano, forja nosso ser, nossas mediações técnicas abstratas e sem fim.[4] No mesmo movimento, nossa movimentação frenética é correlata ao assassinato, por fome ou por depressão, daqueles não incluídos em tal inferno.

Um dia existiu uma forte tradição crítica moderna *que concebia a revolução como o parar do tempo*. Talvez ela esteja mais viva e necessária do que nunca, em uma necessidade remetida ao corpo humano e seu sentido – local de toda a festa e conquista do capitalismo atual –, necessidade psicanalítica portanto, em seu confronto com a nova sociedade técnica e de alucinação de consumo. Em uma célebre passagem do *Kino Pravda* de Dziga Vertov o momento da morte de Lênin paralisava toda a história, paralisando as máquinas, o trabalho, a natureza, os trens:[5] o corpo do líder morto era o corpo do tempo, e o luto daquele homem realizava o tempo não contido no progresso, como o luto jamais realizado de todos que desapareceram diariamente como alimento do progresso. Em *Corra, Lola, corra* o limite ao agito angustioso e maníaco é uma ou duas paradas para a morte. Paradas simpáticas e alucinadas, onde o tempo do pensamento, da conversa dos amantes na cama, do observar o mundo *parece significar quase a morte* para o homem de nosso tempo. Walter Benjamin lembrava os tiros espontâneos dados nos relógios em vários pontos de Paris quando a grande revolução aconteceu; havia uma consciência (ou inconsciência) coletiva de que *o novo significava parar o tempo*, e destruir o sentido ideológico da orientação histórica. Também ele nos alertava: é para fora de qualquer concepção de progresso linear e abstrato que pode habitar alguma redenção.

Corra, Lola, corra é a desesperada corrida para um futuro desencantado, cujo único valor é pressionar o presente, fazê-lo acelerar. Parece dizer que a cultura tecno, da qual o filme é manifesto, é o avatar inconsciente de nossa condição: radicalmente sós, amarrados a um futuro vazio, ocupados pela alucinação permanente de um presente que não pode parar, nem pensar, e que nos é, e que simplesmente somos. Os corpos agora *são o próprio progresso abstrato*, que não pode parar, rumo ao nada de sua própria jornada, nossa cultura. Podemos mesmo ter saudades de *Tempos modernos* (1936) de Chaplin, quando ainda se experimentava acelerar e reduzir o tempo da máquina e do corpo, e a pletora do tesouro das mercadorias *ocupava ainda um lugar de sonho*, quando Carlitos e a namorada passavam *a noite* presos na loja de departamento, a brincar: hoje o tempo real do capital é sempre o máximo e sua acumulação de espírito morto na forma das coisas apenas realimenta a sua violenta insatisfação (esta também foi a última aparição de Carlitos: seu *ser* nítido desapareceu ao entrar em contato com a realidade material do capital e seu fetiche, como tantos outros).

Hoje, *os corpos são o próprio progresso abstrato*, que não pode parar: assim as vidas inteiras, que condensadamente aparecem no filme em uma sucessão de rápidas fotografias, significam para Lola apenas um esbarrão, enquanto são verdadeiras vidas humanas, com destinos próprios e significativos, mas riscadas rapidamente da face da terra como um fósforo pela técnica da montagem – uma montagem *hipermétrica e intelectual*, para lembrarmos uma velha noção de Eisenstein –, até a sua agonia em um vazio. O que vemos é a vida passar, voar, em um mundo em que nenhum outro humano entrou em relação com aquele ser.[6] O mundo social de *Corra, Lola, corra* é o mundo dos destinos singulares ao extremo, de seres rarefeitos em projetos lineares de si mesmos até o rápido fim do único mundo que conheceram, o próprio.

Entre as pessoas em que Lola esbarra em sua corrida por Berlim, como em uma pista de dança, e que têm sua história rapidamente contada pela montagem a jato do filme-clipe, parece não haver história compartilhada, medida comum ou simpatia possível. Enquanto Lola corre, sozinha e sem linguagem, rumo à própria morte, cada um daqueles outros – espécies de obstáculos de videogame, gente sem densidade, incapaz de compartilhar experiências – faz um movimento análogo rumo ao próprio destino vazio. Entre eles, o nada: a música tecno que envolve a todos, convoca os movimentos dos corpos e não pertence a ninguém.

No filme, cada vez que Lola morre, ao fim de sua jornada, ela simplesmente suspende a experiência. Como Lola suspende a sua morte, e para o tempo, *lembrando a velha revolução*? Como a música tecno suspende suas sessões rítmicas, e inaugura um novo estado do sempre o mesmo.

A brincadeira com a morte. "Não é assim que quero morrer", nos lembra o velho argumento de Freud – o organismo, e podemos dizer o humano, quer morrer à sua maneira –, argumento de caráter existencial limite para sua psicanálise formalizada em forças e tópicas. Mas se o humano buscava morrer a seu modo, e esta era a inscrição própria de alguém no mundo criativo da cultura ainda humana, as suspensões permanentes da morte de Lola parecem indicar a inutilidade daquela corrida de cem metros que é a sua vida, o equívoco que tal primazia do sensório, do ritmo e do urgente verdadeiramente é para um sujeito humano que ainda recorda de si. Parece que no mundo tecno nenhuma morte é verdadeiramente possível, pois, como a vida não é experienciada, mas gozada como uma ordem, a morte talvez seja a última alucinação em um tempo sem experiência. A morte é o último ato do novo ciclo alucinado do ritmo, o novo momento do mesmo nada, e Lola simplesmente a suspende. *A morte só pode ser suspensa porque ela é alucinose, e não uma verdadeira morte humana, em um mundo de humanidade*. Quando ouvimos a música tecno notamos que ela funciona por dois princípios semânticos básicos, o lento escorregamento de texturas sonoras sobre si mesmas, indicando o espaçar infinito e abstrato do tempo, e sua súbita alteração/renovação sobre uma nova identidade sonora que tende sempre ao mesmo destino: o tempo do sempre o mesmo é suspenso de tempos em tempos para sempre se repor. Lola morre uma, duas, três vezes, como a música que a embala está sempre a morrer, e a última marca do humano parece ser este necessário brincar com a morte, que se torna uma nova natureza de obsessão.

É possível imaginarmos quantas vezes *morrem* os jovens que são puro corpo pulsando, embalados pelos efeitos sensoriais da música e do ecstasy, após as suas 24 ou 48 horas de jornada de divertimento (e aqui poderíamos dizer... de trabalho...). Quantas vezes eles morreram, nesta experiência sem fim do corpo mecânico, exausto e alucinado, e quantas vezes ressuscitaram para reiniciar o mesmo périplo? A morte então, para esta cultura, se banaliza ao extremo. Não morremos mais à nossa maneira, como desejavam Freud ou Winnicott,[7] e como sonha Lola, *mas morremos o tempo todo*, ou já estamos mesmo mortos, no vazio sequenciado do que sempre volta como o mesmo.

As antigas culturas humanas que tinham parâmetros de tradição para orientar-se diante da vida e da morte conferiam um lugar de significação para a experiência da morte na cultura, e cultivavam os seus símbolos, como possível aprendizado do humano.[8] Nossa cultura, sem referências humanas para conceber a vida, é invadida pela morte, que nos toma permanentemente como alucinação vinda de fora: mistério não capturável por nossa onipotência técnica, *limite que nos simboliza a força*, na falência de nossa própria capacidade de nos humanizarmos entre nós.

Para Freud a compulsão à repetição é a natureza mais essencial daquilo que, em um conceito limite e enigmático, ele nomeou como *pulsão de morte*. No mundo tecno, como na cultura do *fascismo de consumo* – para lembramos a formulação de Pasolini[9] – a compulsão à repetição é a regra que pulsa impensável como organizadora do tempo. Tal compulsão pode ser vista viva, de forma nítida – fato muito raro segundo a teoria psicanalítica[10] – na própria forma das músicas de artistas como Chemical Brothers, Prodigy ou Leftfield.[11]

2

Night and day. Let’s face the music and dance

Há em Berlim uma casa que nunca fecha. Aquela noite que não termina jamais pode de fato começar a qualquer momento do dia, às sete da manhã ou ainda às dez. Lá todos os tempos se estendem e noite e dia se transformam em outra coisa. Naquela imensa boate que pretende expandir o seu plano de existência, seu tempo infinito, sobre a vida e a cidade, construída em uma antiga fábrica – *uma antiga usina de energia nazista* –, todo tipo de figura da noite se encontra, em uma festa fantástica alucinada que deseja não terminar jamais.

À luz da vida tecno avançada, as ideias tradicionais de dia e de noite se revelam mais frágeis, bem mais insólitas do que a vida cotidiana sob o regime da produção nos leva a crer. Para alguns, o mundo do dia se tornará definitivamente vazio e apenas a noite excitada e veloz vai concentrar em si o valor do que é vivo.

Naquela boate, como em muitas outras, tudo se encerra apenas quando o efeito prolongado e sistemático da droga se encerra. Como uma pausa para respirar, às vezes tendo passado muitos dias entre uma jornada de diversão e sua suspensão momentânea. Para muitos, apenas pelo tempo mínimo da reposição das forças até a próxima jornada, extenuante, sem fim, pela política imaginária da noite. Essa pausa mínima seria, em suma, a própria vida.

E ainda mais. Para outros tantos, o próprio efeito da droga sob a pulsação infinita da música eletrônica, experiência programática e enfeitiçada, não deveria se encerrar jamais. Estes estariam destinados ao projeto de dissolução na pulsação sem eu da música tecno, seja a dissolução do espírito, em uma infantilização sem fim para os embates materiais da vida, seja a dissolução do corpo, ambos igualmente reais.

O bar Panorama, de Berlim, apelidado pelos brasileiros que habitam a noite tecno mundial de *Paranoia*, representa o espírito de totalização da cultura que a música eletrônica busca ter em nosso tempo.[1] *Aberto para sempre*, sonho eterno de Dioniso, são dimensões tradicionais do sujeito de uma era histórica, como as de tempo e de repouso, de lazer e de trabalho, que se fecham com ele, não necessariamente em uma superação para melhor, ideia ela mesma superada pelo transe festivo geral.

De fato, após uma noite de vida tecno, é forte a experiência radical de vazio que se torna o espírito do dia. Toda a trama da vida se descontinua em uma nova ordem muito contemporânea de depressão, depressão da própria energia libidinal que aparece agora esvaziada, mal sustentando algum investimento no próprio eu. A energia foi imensamente gasta à noite. Foi devastada, tornando o dia vazio de objeto, porém vivo. *Vivo no vazio*, muito bem articulado *à busca pelo excedente absoluto* de mais tarde, à noite.

Este dado negativo que toma o dia certamente aponta para o valor esvaziado do que se tornou a vida, do qual se tenta fugir incessantemente, recusar, mas, na nova ordem do humano, jamais pensar. Tal negatividade, que corta na raiz as ligações com as coisas do dia da produção, portaria talvez uma esperança utópica, sempre sinalizada pelos clubbers, mas de natureza muito vazia, indeterminada, totalmente esotérica,[2] transposta à ação da noite. "Quem aspira ao infinito não sabe o que quer", disse um dia Schlegel, a respeito deste tipo de salto direto no sentido, perdendo as mediações concretas.

Esta nova ordem da festa, onde a fantasia é o ser, funciona sob padrões diferentes das antigas e tradicionais festividades humanas. A música eletrônica é a mais forte negação do universo, primordial até ontem, de política dramática própria ao eu da canção. Com ela o mundo pop chegou à sua autorrealização conceitual, espécie de vida pura da técnica, dispensando toda trama imaginária que não seja a sua pureza abstrata, fixada na mínima forma. Esta é muitas vezes uma antiforma – um pouco ao modo de um retrato de Warhol – na máxima pulsação *para o aqui e o agora* do corpo, como utopia indeterminada, ou *como mal realizado* em sua música plenamente descarnada. Com ela a paixão pela alucinose consentida da noite busca a sua normalização na vida humana, a sua pacificação à luz do dia. A música eletrônica redefiniu assim amplamente um valor da experiência humana, *daquilo que é estar diante da música*. São dois os seus novos campos do sentido, muito diferentes da experiência histórica da canção. Em primeiro lugar, o da estetização generalizada da vida, na expansão da política do imaginário e seu valor de mercado sobre todos os sujeitos. E, em segundo, o do impulso à ação, à atuação, à luta pela vida, que é o mero estado em que a vida está, no mundo estabilizado do capitalismo avançado.

A política mais radical do *tecno corpo* aqui e agora, longe do espírito que alucina, própria à nova indústria da diversão onde impera a música eletrônica, coloca problemas-limite. Ela significa o fim da trama imaginária e suas profundidades dramáticas, em que o sujeito do inconsciente era lido em um certo teatro simbólico, a famosa triangularidade edípica, e sua razão narrativa, que põe o eu, o desejo e o outro, o tempo e o espaço *em alguma perspectiva*. Tudo é reduzido neste novo mundo digital e pós-dramático ao presente do fluxo e do prazer constante, autoerotismo social e tecnicamente produzido, talvez turbulento, mas contínuo, no qual, em sua versão utópica, o outro é alucinado como mundo amoroso e indistinto, minha própria continuidade.

Antonio Gramsci anotou que o fordismo e o taylorismo americanos exigiam uma certa disposição no sexual e na forma do sexual da vida humana sob o capitalismo muito desenvolvido: a energia libidinal concentrada para o trabalho abstrato, a *forma família* e a contradição simbólica permanente entre o controle virtuoso e a liberdade iluminista da sexualidade. Dimensão libertária e controle produtivo da sexualidade eram propostos simultaneamente pela classe dominante aos trabalhadores envolvidos no moderno *consentimento*, da compra de seu trabalho e da administração de suas consciências, próprio do capitalismo avançado.[3]

O capitalismo acabou por incluir toda a vida sob sua específica racionalização, desregulamentou-se, no seu centro de irradiação, e se expandiu globalmente. De modo total, projetou suas contradições em um espaço planetário trágico e multiplicou sua fusão de meios de cultura e mercadoria por todos os espaços da vida humana, incluindo o espírito e, principalmente, o corpo. Toda a velha ordem fordista analisada por Gramsci, que já foi chamada com a maior propriedade de *pequeno-burguesa*, se tornou muito antiga, muito *família*, para o *desrecalque tecno adaptado* do presente, que congrega mimetismo do trabalho frenético, moda, puro corpo, autoerotismo e dissolução do eu em um único e poderoso ato da cultura. Isto, não por acaso, *em uma época em que o capital também dispensa e esteriliza amplamente força de trabalho*, principalmente jovem, mas exige, satisfeito, *uma performação simbólica humana totalmente a seu favor*, sem nenhuma negatividade.

A técnica do tempo, nos samplers, nas pistas iluminadas a laser e nas novas drogas sintéticas, encena uma forte experiência do todo sobre o sujeito, *a nova tecno cultura*, na qual as estruturas dramáticas de outra modernidade estão ausentes. Esta cena e sua política imaginária se põem porque, de fato, tais estruturas estão anêmicas, falindo e desaparecendo na própria vida social. Os sujeitos anêmicos e impotentes e a crise real, de difícil apreensão, das estruturas de orientação moderna da vida – da política à educação, das nações à forma família – que o digam. Ou melhor, que o *dancem*. Esses espaços foram ocupados, em parte, pela festa tecno, que busca a generalização e a alucinose correspondente do valor do corpo, o império fetichista da moda, como veremos, a apresentação em ato durante a noite da *imagem* produzida durante o dia, para sobreviver ao sistema catastrófico do mercado. Desse modo, sonho e sono foram substituídos por performance e alucinose.

De modo diferente da época do antigo e ingênuo *carnaval* – experiência cultural delimitada, data de comemoração pontual no tempo geral e abstrato do calendário,[4] tempo geral do trabalho alienado –, que guardava a celebração dionisíaca apenas como uma pequena homenagem ao deus – contrafeita, exatamente como no velho mito, quase mínima, de três ou quatro dias, em um ano sem fim de produção sem fim de mercadorias e dinheiro, tempo da produção que, todos sabemos, está em aceleração –, diferentemente deste modo de conceber o tempo e o lugar das inversões, dos excessos e do mistério desta antiga heterologia tradicional do erótico, a noite tecno de Berlim *quer instaurar um carnaval perene*, um excesso e um excedente de gozo e produção psíquica, alucinatória, que, teoricamente, *não deveria conhecer mais fim*.

O gozo tecno sonha, assim, em inverter a ordenação do mundo.[5] Seu sonho sem formas é de colocá-lo em seu reverso, em seu avesso humano, local da ação constante, mas sem produção; da suspensão exaustiva do dia e da noite, mas sem despertar nem cansaço; do corpo como puro ato e do espírito perdido nas camadas puras do seu fluxo constante, o seu sonho infinito, mas sem sonho. *Assim o tempo da vida poderia, finalmente, ser o tempo da festa.*

Todavia, é possível que o que realmente se simula nesta invenção / inversão e se vive como compensação, em estilo de superprodução, ante o mal real da vida, seja apenas o acesso alucinado à vida supérflua e feliz, muito própria aos protegidos do mercado pelo excesso de dinheiro. É certo que são apenas estes, os velhos e tradicionais Gatsbys deste mundo avançado em aparência, que de fato vivem o tempo como uma festa. Na sociedade de classes são os vícios dos ricos "os únicos que são belos", e é este ponto sublime de uma vida dedicada exclusivamente ao prazer, mas ordenada por um mundo impossível, que se tenta acessar na diversão alucinada e alucinatória. Veremos isso, mais adiante, no relato *real* de uma *iniciada*, uma jovem milionária de Paris, autodenominada *puta*, uma certa puta da noite tecno mundial.

No novo corpo pulsante que se desconhece, mas produz uma matéria sem fim de psiquismo derramado sobre a noite, velhas coisas humanas como dormir, acordar, sonhar ou viver estão em suspensão.[6] A isso os jovens brasileiros chamaram de *fritar* na noite, metáfora bem concreta, como é comum ao expressionismo objetivo e mundano deste universo. Com o desaparecimento desejado daquelas antigas coisas humanas, uma série de tensões criativas da vida, que exigiam concentração e trabalho, tende a se dissolver com *as cabeças que fritam*. Com elas desaparece certo potencial dialético da vida, diante do que deveria ser a criação espontânea da noite sem fim, ilusão celebrada, que sustenta como festa a impotência comum. Ilusão coerente com o mercado que não oferece garantias – em última instância, uma forma – para o trabalho e exige plasticidade total do indivíduo para com suas próprias exigências.

No mundo do bar Paranoia, aquelas evidências aparentes, antigas e cotidianas do modo de organizar o corpo e o espírito estão em constante embaralhamento por outro regime pulsional, outra posição, bem radical, do sujeito do inconsciente. Esse sujeito seria o *da mobilização total de corpo e psiquismo, da atuação*, da compulsão ao corpo. E também do simultâneo vazio do eu e de tudo ao redor. Trata-se de um novo *estado de exceção*. Para este "novo humano", o gozo é absolutamente individual, mas se acredita como correlato, religiosamente, que, no momento atual do capitalismo que alucina a redenção do humano no paraíso de mercado – que é falso – também todos os demais, os outros, os que montam a cena, a imagem, para o meu sonho pessoal, gozam para sempre, amorosamente, movidos a drogas sintéticas, junto comigo.[7]

Creio que Kafka, segundo a leitura de Walter Benjamin, mais uma vez antecipou algo importante deste nosso universo avançado da ação humana na imagem:

> O mundo de Kafka é um teatro do mundo. E a prova é que todos são contratados no teatro de Oklahoma. Impossível conhecer os critérios que presidem a esta contratação. O talento de ator, que parece o critério mais óbvio, não tem nenhuma importância. Podemos exprimir este fato de outra forma: não se exige aos candidatos se não que interpretem a si mesmos. Está absolutamente excluído que eles *sejam* o que *representam*.[8]

A noite tecno é também um teatro do mundo. Um teatro *sem drama* no qual, na frase perfeita de Benjamin, "está absolutamente excluído que eles sejam o que representam". Mas, diferentemente do grande teatro aberto do mundo, da ação já sem eu que era a imagem da América de Kafka, este contemporâneo teatro da noite industrial suga todo o mundo, conforme ele é, para o interior do corpo narcísico e puro, único sujeito do gozo e da alucinação, *que encena em si a imagem do mundo*, nele contido e nele perdido. Como a expansão geral da técnica e da *produtividade do corpo mercadoria sobre o próprio corpo concreto*, ele é o mundo "da dissolução do acontecimento no gesto", levado às últimas consequências.[9] Também no teatro da ação da noite ninguém mais é contratado: todos se oferecem ao todo de modo consentido, e de graça. Na verdade, simplesmente se paga caro para encená-lo. Em nosso mundo o preço de tudo é sempre muito caro.

Este é o sujeito do ecstasy. Esta é a sua utopia sintética. Sociedade do espetáculo *internalizada definitivamente como sujeito*: *eu imagem, entre outros, imagens*, que também sou eu.[10] Teatro da imagem do mundo, talvez *cinema da imagem de si*, no gozo extremado, tal ordem radical encontrou o seu espaço de realização plena na noite tecno mais geral.

Muito para além do eu, trata-se da sociedade do *eu-imagem, do cinema de si*, império da política do imaginário, onde se batalha por um cigarro, uma lata de cerveja quente, uma carreira de pó, uma pílula de ecstasy, um beijo qualquer, talvez uma trepada qualquer. Há também neste mundo uma profunda política da maldade, imaginária, na estranha sociabilidade do gozo, da fraqueza de projeto de alguma coisa *sólida*, que não seja a reprodução da própria imagem. Nele não se deve esperar nada além do *encontro na imagem*.[11]

Assim o eu-imagem *corresponde*, se faz, nesta prática de existência, a esta nova ordem ritual cuja forma já é a forma de existir sobre a natureza do fluxo, do gozo e do vazio. Como um dia disse Aristóteles – por razões que envolviam memória e esquecimento, em um tempo provavelmente pré-socrático – "eles estão em *estado de fluxo*".[12] Política da superfície o *eu-imagem* conjuga um mundo normativamente feliz com a sua própria catástrofe, a falência das potências do *eu*. Estado de fluxo.

Evidentemente, tal utopia do bar Panorama, o carnaval perpétuo, é impossível de ser realizada de fato. A não ser para os que se tornaram os novos tecno junkies – como certa vez um alemão falou a respeito de alguns brasileiros –, que, de modo muito semelhante ao das anoréxicas, vão levar bastante a sério a identificação totalitária com alguma imagem industrial e fetichista de seu próprio corpo, própria de nosso tempo. No caso, as ilusões "modernas"[13] do corpo em fantasia da noite industrial, e a vigência pura de sua imagem em ato, alucinada.

Estes vão simplesmente, de modo rápido e feliz, consumir a vida neste aparente excesso de vida que é a vida sob o regime extenuante da noite, em uma nova espécie de suicídio tecno junkie, ou tecno punk. Como Slavoy Zizek comentou certa vez, um tipo de *suicídio protelado*. Para eles, não há fim para a modulação infinita do DJ. A vida foi de fato subsumida à sua *big beat*, em conjunto com as violências da política do imaginário a que se acostumaram. Eles levam o projeto às ultimas consequências. A música eletrônica e sua psicodelia utilitária, com o regime festivo da drogadição que é oposição vazia à ordem do mundo, celebração do nada, simplesmente não deve acabar jamais.

Estes jovens redescobriram a "eternidade do prazer", em um estranho retorno ao "ego-prazer" freudiano, preconizado em meados do século XX em um registro radicalmente crítico por Marcuse. Mas este movimento ambivalente e vivo, também afinado com o estatuto contemporâneo da repressão, foi feito para produzir uma nova *dissolução de compromisso*, em vez de uma erotização mais ampla da vida. Ele se deu indicando em sua fantasia atuada a existência de uma sociedade de grandes excedentes, mal realizados na totalidade da vida, e simultaneamente conviver com a adaptação ao velho mundo do trabalho alienado de sempre.[14]

Esta cultura sem cultura, ou de *plena superfície*, de sujeitos quase coisificados na festiva dissolvência de si, em sua nova *volatilidade* psíquica, deve se tornar hegemônica. Sua utopia negativa de gozo maníaco e autodissolução celebra tudo, até mesmo a própria descartabilidade. Assim eles se acabam, "para que a noite não acabe jamais", frase ouvida mesmo, aqui ou ali; "dão sua vida pela noite", frase também ouvida, que indica a mistificação ingênua generalizada: como se a redenção da ordem humana estivesse de fato ao alcance das pistas e do ecstasy, da noite industrial com sua utopia sintética e consumível.

Estas pessoas, fusionadas como um novo sujeito grupal indiferenciado, como no império insólito das bacantes, não deixam traço nem marca de suas existências praticamente vazias, enquanto estiverem aí. E simplesmente retornam ao pó. Apenas o deus Dioniso deixará sua marca, sua narrativa, a máquina do autoconsumo e do consumo é tudo o que existe: o Bar Paranoia universal, que também está em perpétua mutação,[15] como a moda. Como na velha canção de Grace Jones, de meados dos anos 1980, na origem deste mundo, eles são *slaves to the rhythm*.

Não acho mesmo difícil percebermos que a cultura proveu em tal dispositivo uma imagem e uma prática para exercitar, no limite do vivo, o dilema psíquico humano, muito complexo, da *compulsão à repetição*. É por *este* impulso maior e transcendental da vida psíquica humana, transformado em sua arte, sua sociabilidade, seu mundo de objetos e fatos alucinatórios, e sua específica política hermética, que o bar Panorama, em teoria e em ilusão efetiva sobre os tecno corpos, jamais deveria fechar suas portas. Esta negatividade humana da violência de fundo contra si mesmo ganhou lugar positivo na cultura que precisa administrar e celebrar – como sempre *estetizar* – seu próprio processo de aniquilamento na ordem industrial da noite.

Seria assim que o campo contracultural da cultura tecno, travado ao modo que temos visto, por-se-ia finalmente de igual para igual com a cultura capitalista do mercado diurno. A mesma cultura do dia que aqueles homens da *féerie* sampleada e concreta do gozo e da alegria fingem desprezar, na sua brincadeira de autodissolução na noite, de reversão do sono e do sonho em ato e alucinose. Porém, é nesta mesma cultura de mercado que tal campo avesso é sustentado, é produzido, e simplesmente, e felizmente para todos, bem-aceito.

Haveria, então, uma *usina de esterilização de energia humana* no trabalho sem fim da drogadição e da pulsação da noite. E essa função política e sociológica da contracultura industrializada, bem-adaptada ao mercado (e do mercado bem infiltrado na contracultura industrial), não é dimensão irrelevante deste mundo. Bem como a sua regulação mais ampla da crise do mundo do trabalho jovem em nosso tempo. Por isso, também, como o mercado financeiro e sua cadeia sem fim de valorização e crise, o bar Panorama não deveria jamais desligar as suas picapes. E a noite tecno deveria se tornar o seu próprio dia, exatamente como ocorre no mundo mais amplo do grande capital, no circuito sem dia e sem noite das bolsas globalizadas.

O crítico americano Clement Greenberg também havia anotado, ao seu modo, o impacto do constante e imenso industrialismo na ordem da vida social moderna, no sentido mais amplo do que é lazer e do que é cultura. Respondendo ao conservadorismo de T.S. Eliot, que via na degradação generalizada da alta cultura, própria do século XX, o horizonte de um mundo possível onde simplesmente a cultura não existiria mais, Greenberg vai especular sobre *um mundo em que trabalho e cultura voltassem a se fundir*, uma vez que o trabalho e a nova ordem administrativa da existência ocupassem todo o espaço da vida.

> A dificuldade de dar prosseguimento a uma tradição de cultura orientada para o lazer em uma sociedade orientada para o trabalho é por si só suficiente para manter irresolvida a atual crise em nossa cultura. [...] Nada, na verdade, em toda a perspectiva de um mundo industrializado – uma perspectiva que contém a possibilidade de boas e más alternativas ao socialismo – oferece algum indício de como o trabalho sobre o industrialismo pode ser deslocado da posição central que agora ocupa na vida. A única solução para a cultura que posso conceber sob estas condições é deslocar seu centro de gravidade para longe do lazer e colocá-lo exatamente no meio do trabalho. Estarei sugerindo algo cujo resultado não pode mais ser chamado de cultura, já que não dependeria do lazer? Estou sugerindo algo cujo resultado não posso imaginar.[16]

De fato, dada a correspondência intensa entre os mundos da ação – do espetáculo do mercado e da ação na noite – de modo algo diferente do que imaginou Greenberg, a cultura parece cada vez mais ser a estilização positiva, facilmente celebratória, da totalidade do mundo do trabalho, que por sua vez *é cada vez mais volátil e totalitário*, embora sempre travado na ideia fixa do capital. Certa vez Baudelaire ameaçou abandonar um mundo em que "*o sonho era inimigo da ação*", enquanto, neste nosso caso, *a ação capturou e reduziu o que se pode sonhar a si própria*, mas ilude a tudo sustentando *que o sonho está nela realizado*.

O crítico norte-americano orientou sua intuição analítica, político-econômica, na direção de conceber os princípios da atual cultura tecnológica, cujos objetos de valor ou conhecimento, de cultura, são apenas os que se exprimam na forma mercadoria, coincidindo inteiramente com os objetos do trabalho, e cuja realização mais plena é o simples gesto do consumo[17] e seu hedonismo programado. É por isso que hoje o pensamento crítico deve considerar como objeto *aquilo que vem mais diretamente do mundo da mercadoria*, e não mais da "cultura", como é, por exemplo, a produção geral da noite industrial. Clement Greenberg apanhou tal cultura em sua aurora histórica. Mas, ao que parece, o que não se podia imaginar é que a verdadeira face estética desta cultura fosse o expressionismo concreto do si mesmo como imagem, no corpo da festa e no eu anêmico, em um mundo da ação como gozo e espetacularização da vida, que alteraria bastante o lugar e o valor da própria arte entre nós.

Tal movimento do primado do mercado sobre o humano, e sua virada para a captura de forças sociais via consumo, com seu grande continente simbólico positivo, vem de muito longe. Já nos anos 1970, Jean Baudrillard, observador muito atento à vida e ao movimento massivo das coisas sobre os homens, alcançava precisamente o nosso ponto contemporâneo, o que parece indicar como a coerência do processo é uma força central do desenvolvimento capitalista:

> O puritano considerava-se a si mesmo e à sua pessoa como empresa a fazer frutificar para a maior glória de Deus. As qualidades "pessoais", o "caráter", a cuja criação se destinava a vida, eram para ele um capital que deveria investir-se oportunamente e administrar-se sem especulação e sem desperdício. Em sentido inverso, mas de modo análogo, o homem ser-consumidor considera-se *obrigado a gozar*, como *empresa de prazer e de satisfação*, determinado-a-ser-feliz, amoroso, adulador/ adulado, sedutor/ seduzido, participante, eufórico e dinâmico. Eis o princípio de maximização da existência através da multiplicação de

> signos e objetos, por intermédio da exploração sistemática de todas as virtualidades do prazer. O consumidor e o cidadão moderno não têm que se esquivar à coação de felicidade e de prazer, que na nova ética constitui o equivalente da obrigação tradicional de trabalho e de produção. O homem moderno passa cada vez menos a vida na produção pelo trabalho e cada vez mais na *produção* e inovação contínua das próprias necessidades e do bem-estar. Deve velar pela mobilização constante de todas as virtualidades e capacidades consumptivas. Se se esquecer, lembrar-lhe-ão com gentileza e insistência que tem o direito de ser feliz. Portanto, não é verdade que ele seja passivo, já que desenvolve e tem que desenvolver uma atividade contínua. De outro modo, corria o risco de se contentar com o que tem e de ser associal. Daí, a revivescência de uma *curiosidade universal*, em matéria de cozinha, de cultura, de ciência, de religião, de sexualidade etc. Importa experimentar *tudo*, porque o homem do consumo encontra-se assediado pelo medo de falhar "qualquer coisa", de não obter seja que prazer for. Nunca se sabe se tal ou tal contato, tal ou tal experiência (Natal nas Canárias, enguia com *whisky*, o Prado, o LSD, o amor à japonesa) causará no indivíduo uma "sensação inédita". Já não é o desejo, nem sequer o gosto ou a inclinação específica que estão em jogo, mas uma curiosidade generalizada movida por obsessão difusa – trata-se da "*fun-morality*" em que reina o imperativo de se divertir e de explorar a fundo todas as possibilidades de se fazer vibrar, gozar ou gratificar.[18]

A precisão e o aspecto histórico prescritivo de tal texto impressionam. Por esta descrição aguda das coisas, não resta dúvida que o estudo do sistema geral do consumo deságua abertamente no sistema geral da noite administrada contemporânea, já há muito tempo. De nosso ponto de vista nacional a respeito do contemporâneo estado das coisas, o atraso da totalização do espaço social brasileiro pela forma mercadoria, nos anos 1960 e 1970, quando a política coercitiva explícita da guerra fria, via ditadura militar, e o progressismo nacionalista voltado à substituição econômica de importações ainda forçavam a vida naquela direção, talvez tenha impedido ao pensamento crítico local perceber tal movimento da ordem simbólica capitalista mais claramente.[19]

Se olharmos para o problema do ponto de vista das formas estéticas, talvez este nosso contexto geral, somado à pulsão geral ao espetáculo e ao prazer massivo, explique algo do interesse contemporâneo por um artista plástico da alta performance técnica no cinema, *do cinema de si* e do mundo compreendido como fluxo único de imagem e superfície. Trata-se de Matthew Barney, cuja obra está articulada em um universo de sinergias entre mercado e sonho demasiadamente para além dos velhos problemas gerais da forma, e da dissolução da forma, ou seja, dos questionamentos propriamente modernos.[20] Desta perspectiva estaríamos em um mundo de encantamentos e fluxos cujo brilho superficial se situaria *para além do princípio da forma*,[21] muito próximo à natureza subjetiva pura, mas constituído como um sonho que vem do *todo*, do *fetiche*.

O momento utópico da *diferença absoluta*, também sustentado pelos clubbers, mas simplesmente inverossímil, diante do sistema geral da cultura de mercado sempre celebrada por eles, talvez seja apenas a presença do sinal simbólico da massa de excluídos própria ao capitalismo contemporâneo, que, *ao contrário do que Clement Greenberg pudesse sequer imaginar*, também, como projeto e como sistema, não inclui mais no mundo do trabalho.[22]

Oniricamente, como uma defesa totalizante, esta diferença absoluta da não inclusão (que apontaria para a possibilidade do outro humano e para a da arte) sonhada tenuemente pelos clubbers é invertida na principal equação simbólica do grupo: *a da congregação universal e amorosa na festa* e na sensorialidade – sensualidade – da droga e da música. A universalização do amor, como fogo de artifício, afeto em abstrato, no espaço da pista ou no tempo da rave é a utopia *in vitro*, sustentada em um mundo perigoso, própria à contracultura industrializada da noite. Por outro lado, é nesta situação complexa altamente mediada que as pessoas ainda podem lembrar-se, por uma noite, do que é o amor, em um mundo de competição e descompromisso extremados. Talvez também *por isso* esta noite devesse durar para sempre.

Este mundo tomado pela técnica e concentrado no palco do corpo encerraria uma espécie de tempo circular e sem fim, remotamente borgeano, mas sem nenhuma dimensão poética das antigas metáforas literárias. Naquelas formas antigas do "tesouro" ocidental a cultura se espelhava, se multiplicava, e, expressando a sua própria metafísica, aparecia na profundidade dos tempos e espaços, em constante tentativa de localização e posicionamento, enquanto este novo mundo, *em ato e presente eterno*, é radicalmente alheio a toda profundidade. Ele faz girar sistematicamente a sua própria superfície, o seu aqui e o seu agora constantes.[23] E Berlim, particularmente, conhece este movimento de muito longe, como uma das metrópoles marcadas com o signo profundo da cultura de superfície próprio da diversão de massas, como se pode reconhecer no raio nítido de um ensaio de Joseph Roth, publicado em 1º de maio de 1930:

> Às vezes, num acesso de incurável melancolia, entro num dos clubes noturnos típicos de Berlim, não para me divertir, entenda-se, mas para desfrutar o prazer perverso que me propicia o espetáculo da

> diversão industrializada. Meu aflitivo receio de que seja o avanço dos meus anos que me torna avesso ao entretenimento é de pronto dissipado pela constatação objetiva da indescritível monotonia da vida noturna internacional. De fato, todo o mecanismo pelo qual a diversão é produzida hoje em dia parece tanto mais simplista e transparente quanto mais a natureza humana é forçada a importar entretenimento de fora. É como se aquela força grosseira que hoje cria e elabora algo quase do nada tivesse se apoderado também das faculdades espirituais e como se gerasse capital do pendor inato e da necessidade do homem de se divertir.[24]

Há um termo nítido e muito próprio deste mundo sobre a própria prática: os adeptos falam em *se jogar* no enigma da imagem da noite. No entanto, este *se jogar* é bastante contrário a uma relação abissal com as coisas, que implique algum senso de espaço, profundidade, distância ou mistério. O *se jogar* celebrado por estes jovens deve ser compreendido aqui como *um se jogar, um adentrar, no plano da superfície absoluta*. E esta é a nova ordem de *conversão* própria de nosso tempo – muito diferente do antigo teatro do corpo simbólico da histérica, que implicava grandes profundidades imaginárias e dramáticas com o outro, abismo por onde escorregava o pulsional recalcado, mundo que foi o próprio universo do sonho freudiano – a *conversão* agora é conversão ao plano de superfície das coisas, conversão à superfície da imagem de si, *se jogar*.

Tal superfície do corpo concentrado no gozo presente está muito bem expresso na batida universal do bumbo eletrônico, que muitas vezes é quase tudo. Tempo infinito na superfície de tudo que é humano. Neste tempo *parado* da aparência, podemos lembrar a ética nietzschiana radical, que é aquela que *de fato*, em ato, anima esta posição do humano: "aparência, para mim, é o próprio eficiente e vivente, que vai tão longe em sua zombaria de si mesmo, a ponto de me fazer sentir que aqui há aparência e fogo-fátuo e dança de espíritos e nada mais".[25]

Como se sabe, *o medo de parar*, e o medo de acabar a experiência semidescontrolada do prazer, do pânico e do excesso, é também uma característica definidora importante das práticas e da vida *da verdadeira drogadição*. Quem está dentro de um grupo que verdadeiramente, de modo feliz ou terrível, se droga, ou se joga – e *se jogar* é uma fusão onírica entre *se drogar* e o *jogo* –, de fato e para valer, teme, mais que tudo, o fim daquela experiência, aquele quase circuito fechado, que não tem como durar para sempre. Mais uma vez é a figuração dos limites da vida e da morte que estão em jogo em tais cenários simbólicos do puro corpo, da prática de exceção que deseja tomar o palco de toda a vida. É claramente neste espaço que o gozo se exercita mais absolutamente como mandato superegoico, como um dia Lacan apontou bem. Os humanos estão aí massacrados pelo prazer e pela ordem da repetição, que exclui tudo que não seja o mesmo de si, e é esta a face humana de tal dionisismo sem dimensão. Um *campo gozoso, sem mistério*. Todavia, para alguns, ele vai mesmo durar, de um modo ou de outro, para sempre.

Invertendo os termos, e do ponto de vista do todo, tais compulsões lícitas ou ilícitas, de mercado ou privadas, indicam algo do pânico geral presente na mais radical drogadição humana do nosso tempo, no consumo e na mercadoria, regulada ou desregulada, profundamente desejada, pelo todo: o que mais se teme, com todas as forças da compulsão, é o momento que o circuito da repetição histórica venha a acabar, como, de fato, ela não começou para os muitos excluídos da coisa toda.

Se há uma superilusão que paralisa a capacidade de pensar de fato o impensável, a diferença e o resgate do que foi degradado na ordem atual do capitalismo de consumo, do fascismo de consumo – resgate de parâmetros que seriam ainda modernos, ou necessária e pura reinvenção[26] –, há positividade maníaca em todos os campos da vida atual, em toda a linha celebratória e festiva do mal comum sobre o qual se sustenta: na acumulação satisfeita de poder e de dinheiro, custe o que custar ao homem ou à natureza; no rebaixamento bem radical do psiquismo e do sujeito no baixo gozo do consumo, como única prática legítima de cultura; e na intensidade da superfesta da dissolução fantasiada de si na noite eletrônica,[27] ponto de fuga realizado da celebração geral, própria à sociedade de consumo. O *resto* será resgatado pelos novos, velhos, fundamentalismos, ou se tornará a massa indistinta geral dos *homo sacer*, despossuída de tudo, *vulnerável a tudo.*

O importante é gozar rápido e gozar já, no presente, um tipo de ato que repõe sobre os corpos dóceis as esperanças e o funcionamento geral das coisas. Seja na sua faceta positiva, a diurna para a produção e a circulação eterna das mercadorias, com sua alienação sistemática para o que lhe é exterior, seja na sua noite eterna, da festa infinita do corpo extremado e do psiquismo em alucinação, *em volatilidade*: o mundo pulsa sua satisfação de existir como é. A este inferno travado no limite do gozo e sua reprodução já se chamou, de modo comemorativo como é próprio dos discursos positivos, de *fim da história*.

Exatamente deste modo Gay Talese anotou, em um ensaio muito sensível, altamente dialético, a emergência contemporânea de uma *idade da festa*, nos Estados Unidos do final dos anos 1960. Tratava-se da cultura pop e seus circuitos de massa, que dissolviam todas as tensões políticas em sua textura estética e sua nova política imaginária; e é no desenvolvimento técnico desta *idade da festa* que estamos instalados. Talese vislumbrou os novos tempos em meio a uma grande festa de Andy Warhol, ao que tudo indica embalada pelo Velvet Underground:

> Nada está acontecendo. É um momento sem significado para a história. Estou aqui em um ginásio escuro e barulhento em East Side, Manhattan. Quatrocentas pessoas estão dançando aqui, belas garotas de minissaia, hippies, *honkies*, a turma de Sassoon usando calças de terno, gingando, girando, enquanto no palco um quinteto toca guitarras elétricas e joga cascas de banana sobre as cabeças, sob a iluminação psicodélica. É uma festa de Andy Warhol. É primavera, é o fim de semana da grande Marcha pela Paz até as Nações Unidas, milhares de manifestantes encontram-se em Nova York e muitos estão aglomerados aqui, neste ginásio-discoteca, inclusive Stokel Carmichael, que acaba de chegar dos protestos em Nashville. [...] Trata-se de algo bem típico de nossa época, que é uma verdadeira Época da Festa na América, e ninguém consegue resistir. O calvinista James Reston foi para o baile de Capote; e Jules Feiffer, depois de recusar-se a ouvir o discurso de Hubert Humphrey nos National Book Awards, em protesto contra a Guerra do Vietnã, mais tarde foi a uma festa na qual Humphrey estava presente. Para existir a pessoa precisa ser *vista*, porque atualmente não existe outra prova. Já não existe uma identidade na arte, apenas na autopromoção. Não existem atos, apenas cenas. As marchas pela paz são mascaradas, a ativista Selma era um menestrel. As notícias são encenadas para as câmeras. Os críticos dançam de olhos fechados.[28]

Nenhum destes mundos, e seus efeitos dissolventes sobre muitos e muitas coisas, deve jamais parar. Ninguém que os habita teria um verdadeiro outro lugar humano para onde descer. Eles estão sincronizados, articulados e são complementares, como são as peças de um mesmo relógio. Há um canal secreto que liga a indústria da noite e suas formas algo programadas, impensáveis às crianças felizes que nelas se dissolvem, e a indústria do dia, com sua miséria submissa comum, impensável aos homens ocos que nela se dissolvem: este fio desconhecido é simplesmente o mercado e sua quintessência, a forma mercadoria, *expandida*, como na velha fórmula, *ao grau total da imagem e sua posse interior do self.*[29] O sonho do capital.

Por isso o bar Panorama pode pretender não fechar jamais as suas portas, não desligar jamais as suas luzes nem as suas picapes e continuar aberto diante do poder jurídico do todo, que simplesmente dá de ombros à sua própria contracultura administrada: sua diferença contracultural, que gostaria de ocupar o espaço do dia com a dança, a alucinação e o gozo perenes, se articula muito facilmente *na mesma moda do dia* que tal campo gostaria de negar. Ele é simplesmente o mesmo mundo do excesso de gozo e da impossibilidade de negatividade (do que a forma negativa um dia prometeu ao pensamento), próprio ao dia geral da produção capitalista avançada.

A noite feérica da dissolução jovem, e sua utopia *in vitro*, não oferece contradição, mas comenta mesmo, ironicamente, ao seu modo bizarro ou mórbido, o estado geral de comemoração cultural de toda catástrofe. Punk de boate e de butique, ou de televisão e de propaganda, negação frágil e bem comemorada de todo consentimento confirmando o que existe, seu verdadeiro destino.

Os sujeitos que sustentam esta noite, que já não dormem, nem bem nem mal, como no regime da velha cocaína dos anos 1980, que sacrificam as forças do eu à presença da alucinose ativa, cujo presente é um *ideal de gozo* eterno, que substitui o velho *ideal do eu* – próprio do tempo em que havia algo a construir no mundo – por um *ideal de gozo* articulado à pulsação concreta e ao colorido lúdico de uma música ilimitada, talvez sejam o modelo da nova ordem subjetiva no tempo da indiscriminação da relação entre eu e sociedade, o tempo da articulação quase direta, gozosa e anêmica, da estrutura – ou melhor seria dizer *desestrutura* – do eu ao *sonho primordial do capital*.

Nas muitas pistas do bar Panorama, tomadas por clubbers, culturetes e contraculturetes os mais variados, artistas do nada em busca de uns baques e de uns trocos, *barbies* e deprimidos em busca de um excesso de defesa maníaca socialmente constituída, no tempo que a história simplesmente escapa a todo sujeito e não há mais *self* político ou dialético em jogo, o que se encena é um grande carnaval da impotência, em que o fogo de artifício da droga imanta imagens instantâneas de vida, a utopia sintético-digital, de consumo. Neste mundo o infinito da música e seus embaralhamentos temporais distendem a existência dissipada por todo o espaço da cultura, garantindo que as coisas são simplesmente como são, até o horizonte do possível.

Neste espaço o eclipse da razão moderna não é a prática totalitária da razão interessada e capturada na lógica material que move o capital, nossa vida e os capitais simbólicos do dia; é, de modo lúdico e complementar, *o capital estético* da noite, de um mundo que nunca dorme: alucinação, carnaval eterno, imaginário bizarro e adolescência sem fim, corpo em gozo extremo, *ideal do gozo*, que deveria se congelar aí, política alucinatória da noite e impotência geral, bem comemorada, frente à história. Certamente o principal elemento crítico em toda esta prática humana é o *momento de absurdo* buscado no limite da coisa toda: a intensa experiência construída e controlada/ descontrolada do absurdo, *o prazer de estar no absurdo*, o que comenta a ordem mais verdadeira de nosso mundo e tenta ao mesmo tempo negá-lo, naquilo em que ele é apenas positividade administrada.

Porém, como se sabe, entre a carreira no banheiro e a pista de dança há muito *networking do nada*, muitos projetos de autocolocação em um mundo que exclui como sistema,[30] sonhos que dão vestimenta ilusória para a verdadeira desarticulação pessoal, em tensão com o corpo autopulsante e a alucinose comemorada de toda a noite.

Um valor muito importante, que guarda outra faceta utópica deste mundo, é a possibilidade de ricos e pobres, homens, mulheres, gays e transexuais – que são alguns dos senhores criativos deste mundo, e isto de fato importa bastante social e humanamente – encontrarem-se em uma mesma pista, ou em um mesmo banheiro, de modo a guardar alguma esperança de igualdade, de ligação, diante do mundo fixado, separado. Como se sabe, a criação do *valor de uso* do excesso e do gozo sem limites na noite eletrônica está ligada a e origina-se de um lugar próprio da contracultura gay americana e europeia. Neste mundo são possíveis de algum modo o contato humano e a igualdade no espaço lúdico da boate, que a administração interessada da vida no espaço da cidade, na ordem do mercado e na moral burguesa tradicional tornou frágeis e superficiais nas práticas de existência comuns. A pista representaria então, como sonho e alucinação, o espaço da *república*, diante da inexistência do espaço público verdadeiro em nosso tempo de república degradada e controlada pelos circuitos da produção. E a droga tão ligada à pista de dança é "o remédio para a alienação causada por uma sociedade atomizada".[31] A pista também congrega os elementos do que há muito tempo foi vivido como a sociabilidade da rua, em que personalidades, jogos e valores simbólicos de outra ordem se produziam em alguma oposição à invasão fetichista do mercado, medida na régua geral dos poderes e dos privilégios do dinheiro. Nesta dimensão significativa o espaço da noite é inclusivo e democrático ao extremo, embora privatizado, sempre movido pelo próprio preço, inclusive simbólico. A questão desta democracia particular e dionisíaca, para quem pode pagar a entrada e na qual o clubber é o cidadão,[32] é que sua experiência forte de congregação não exige nada à esfera pública coletiva geral, onde se vive o mundo e a crise do trabalho, se é que ela ainda a reconhece. Trata-se do desdobramento imaginário, e da reprodução prática na cultura, do *novo* estatuto do *capitalismo de acesso*.[33]

Na vida verdadeiramente empobrecida do trabalho e do mercado, e sua estrutura repressiva comum, jovens vão se concentrar em um projeto agonístico de prazer e ludicidade, uma *Bildung* do gozo extremado na drogadição e na dança, hedonista e antimetafísica, durante alguns anos de suas vidas. É a congregação na experiência psicodélica, que, na ausência de mundo significativo, constitui a esperança, a utopia e a experiência coletiva de um tempo. Um dia, os que sobrevivem simplesmente despertam do transe e *apenas descobrem que a juventude acabou*. Trata-se do destino clubber nas sociedades pós-industriais. Congregados democraticamente na pista e na regressão infantilizante comum – muito do besteirol próprio daquela cultura é apenas infância que já passou, mantida à força – eles vão dedicar mais tempo e esperança ao que vivem alucinadamente na república privada da pista, movida a escatologia, mania e fofocas, do que a qualquer outro possível destino na cidade, na política real ou na economia. Ao contrário do que imagina, esta política da existência é conservadora. Ela concentrou a intensa força de vida jovem em uma experiência narcísica e protegida em uma boate, estruturada em um mercado, que se tornou um modo puramente gozoso de passar o tempo da vida em uma cultura inviável. Sob todos os aspectos trata-se de *uma utopia de câmera*.

Mas esta possibilidade de encontro dos diferentes em algum espaço de dissolução *daquilo mesmo que diferencia* pela via da diversão e do mercado erótico da noite é mesmo uma forma social, *oniricamente* congelada na estrutura da repetição presente na história. Forma que, tudo indica, tem raiz na origem do modo próprio de a cultura urbana se constituir sob o capitalismo.

O crítico e historiador da arte moderna T. J. Clark estudou uma espécie de mundo assemelhado a este, possivelmente um mundo originário do que se pensa aqui, em sua emergência em uma escala de massas, no auge do capitalismo clássico do século XIX e em sua capital universal, Paris. Para reconhecer as forças sociais que habitavam o quadro de Manet *Un Bar aux Folies-Bergère*, Clark reconstruiu uma parte da relação da grande metrópole do mercado moderno com a mercadoria onírica da sua própria noite, o dispositivo – que ele chama de *instituição* – do *café-concerto* parisiense. Sua análise e suas conclusões se articulam em muitos níveis com o nosso problema, como a memória do que é antigo em um sonho sempre aparece como mais própria ao sonho, ao mesmo tempo que apontam claramente para outro momento histórico da grande cidade moderna e da história de sua espetacularização. Nas palavras do crítico:

> Os cafés-concerto se caracterizavam por uma mistura de classes, ou ao menos por um acordo para ouvir as mesmas canções. É claro, acordo não *significava* necessariamente mistura, e muitas vezes os escritores se interessavam pela maneira como um certo grau de distanciamento – ou, de todo modo, de separação – era mantido até

mesmo ali. Isso se efetuava sobretudo por meio do dinheiro: as bebidas eram mais caras nas mesas mais bem posicionadas, o Eldorado tinha camarotes particulares, e os estabelecimentos mais distintos passaram a cobrar uma taxa de admissão [...] De um jeito ou de outro os *gandins* (janotas) e suas damas eram poupados do contato com os pobres – embora uma multidão em princípio classificável como pobre fosse sempre notada. [...] Ninguém fazia de conta, em outras palavras, que as tensões e distinções deixavam de existir no café-concerto, mas muitos se espantavam (e se alarmavam) com o fato de haver contato – as classes juntas no mesmo local abarrotado e o "desgrenhamento social" generalizado. "Pelo menos três mil pessoas" – dizia Victor Fournel sobre o Alcazar em 1872 – "estavam espremidas lá: burgueses, pequenos comerciantes, alguns operários endomingados, famílias inteiras a passeio, provincianos e estrangeiros."[...] Em *Le Reveil* em 1886, a multidão no Alcazar é resumida como "um público inteiramente parisiense de almofadinhas, moças da vida, pequeno-burgueses com suas famílias e empregados de loja". O mais efetivo codinome para esses desafortunados – encontrado repetidamente a partir dos anos 1860 – era a simples metonímia *calicot* [em francês significa *tecido de algodão grosseiro*]. Eles eram aquilo que vendiam, era o que expressava a metonímia. [...] Homens com chapéu na cabeça – um bom sinal de vulgaridade – engolfando ar mefítico; parisienses entorpecidos à procura de emoções; crianças de quepe, barões com tesouras no bolso; escreventes, empregados, gente pequena, "commis-voyageurs en bordée" [caixeiros-viajantes em trânsito]. O café-concerto, escreveu um certo Walter Francis Lonnergan em 1880, "é o Eliseu do *calicot* emancipado, ou do aprendiz". [...] Os escritores que davam alguma atenção ao café-concerto tendiam a concordar que seu apelo advinha do seu caráter popular.

> O epíteto era aplicado aos artistas no palco, mas também à plateia – em particular à maneira como ela era incluída no espetáculo e aceitava as identidades que lhe eram fornecidas ali. O café-concerto *produzia* o popular, o que vale dizer que colocava em cena a classe social como entretenimento. E parte da forma como fazia isso, acreditavam os críticos, consistia em que o freguês entretivesse a si próprio com o mesmo procedimento, encenando a classe social por uma noite, brincando de ser um barão ou um servente. (A ideia de que havia lugares ou pessoas em que a classe *não era essencial* parece ter sido um grande alívio nessa sociedade. Uma das tarefas da cortesã era propiciar uma garantia semelhante.) Havia decerto dois tipos principais de paródia em curso: primeiro o burguês que fingia ser da classe trabalhadora; segundo, misturado com o rebaixamento geral, e tornando a mistura ainda mais estranha, um tipo de trabalhador que fingia ser burguês, ou algo parecido.[34]

Essa é a caracterização do espaço híbrido, de *condensações* e *deslocamentos* simbólicos mútuos entre as classes na noite do mercado da diversão, já em sua origem. Tal campo de experiências parecia estar sonhando, em ato, como diria Benjamin, com alguma outra ordem de solução para o impasse da sociedade definitivamente duplicada, na esfera então emergente da indústria da diversão, ao mesmo tempo que mantinha a ordem das coisas fixadas. O dispositivo da noite das massas também diz respeito a este sonho, já presente no café-concerto, esta virtualidade dionisíaca social, todavia congelada na própria reprodução das sociedades de classe.[35]

Mais do que qualquer outra instituição, ou melhor, semelhante a todo dispositivo simbólico de compromisso ideológico, a noite da *diversão pública* vai funcionar, por também ser experiência vital, como forma de esperança e válvula de escape de grandes tensões presentes no interior da própria vida social, invertendo-as e ocultando-as no espaço lúdico e na embriaguez do erotismo e do estético. Com sua simbólica em ato, trabalhando na esfera coletiva da grande cidade *exatamente como a forma sonho funciona para as tensões do indivíduo em sua noite particular e privada*, sonho que é *a forma normal do retorno do recalcado*, como Freud o pensou no final do mesmo século XIX.

Mas este sonho social está suspenso, congelado e estabilizado, como forma histórica *no limite*, diria novamente Benjamin, na sua própria regulação das coisas que embaralha. Ele será remetido ao mundo da mercadoria e sua fixidez. Em algum lugar interno ao próprio sistema, a vida sob o capitalismo sempre sonha com o seu avesso, ou oposto, e esta é a sua dimensão trágica, quando observada do ponto de vista da repetição, e vital, quando vista a partir da pressão por transformação. Uma ironia do dispositivo onírico da noite industrial é tratar estas formas necessárias do humano sob o regime socialmente fraco da regressão egoica, realizando o melhor sob a forma meramente imaginária das coisas humanas.

Também esta suspensão do processo histórico no sonho da noite industrial tem vigência histórica, e se transforma. Há muito não estamos mais na posição original da indústria da diversão do capitalismo liberal clássico, que operava uma clara ordem infantil, fantasística, de conciliação no brincar e na voz *popular* das canções, embora traços de formas do passado sempre possam ser encontrados, na medida em que ainda funcionem socialmente para alguém. Na síntese precisa de Clark sobre o que estava em jogo naquele momento:

> Algumas vezes se sustenta que existe uma conexão entre essa indústria do lazer e a emergência – ou pelo menos a autoconsciência –

das "nouvelles couches sociales". Concordo com a tese e gostaria de expressá-la mais incisivamente: a comercialização do lazer e os primórdios do subúrbio são ambas formas – talvez predominantes – nas quais as "nouvelles couches sociales" foram construídas como uma entidade separada do proletariado. Para formular com mais precisão: a ascensão dos entretenimentos comercializados em Paris, abastecendo um público de massa e dependendo de grandes injeções de capital, não pode ser compreendida separadamente do processo do fim dos velhos padrões de bairro urbano e o nascimento de uma metrópole organizada em torno de unidades estanques de trabalho, residência e distração. Num certo sentido nunca houve muito mistério sobre esta conexão: observadores na década de 1860 viram muito bem que a cidade de Hausmann era somente um padrão de residência somado a um padrão de diversões. Mas o que há de menos óbvio a ser dito é que ambos os padrões eram modalidades de formação de classe e de controle de classe. Era o que constituía a nova classe do colarinho branco, mas *como* uma *espécie* de burguesia [...] à qual se permitia um acesso peculiar à classe média, e que acima de tudo era sancionada em sua diferença em relação ao proletariado mais amplo. É óbvio que essa diferença nunca era totalmente líquida e certa, e em todas as descrições contemporâneas da classe – seja vista cantando no Alcazar ou participando de uma multidão que saúda o general Boulanger – existe um sentido sugerido, especulativo e ansioso, como se os escritores estivessem se perguntando até quando a ilusão poderia durar.[36]

A noite eletrônica em seu desenvolvimento máximo está, em suma, bem além da ideia de noite. Berlim também é *uma cidade encantada* pelo estilo pop próprio à sua noite e a seus clubes. O espaço da cidade está também sobreposto ao espaço da produção noturna, que se expande e que toca, como *imagerie* geral, toda a vida. Revistas, cartazes, flyers, convites para as festas e os eventos da noite estão por toda a cidade: nas ruas, nas calçadas, nos pontos de ônibus, nos bares, nas lojas, nos cafés e nos banheiros. Ficamos sabendo constantemente de uma infinidade de DJs e de eventos, de tipos de noite, como dizem os iniciados, que são quase sempre a mesma, programadas como na pauta de uma grande empresa há muitos e muitos meses.[37]

A cidade, que é tímida e com poucas atrações e belezas especiais durante o dia, a não ser o mistério da história que anda mesmo pelas ruas, parece querer compensar seu pequeno porte nos fluxos globais com a criação desta cidade artificial, intensa e de ponta, na vida noturna onipresente. Com seus preços de moradia e de alimentação em geral baixos, herança na vida social da velha ordem socialista, Berlim se tornou a Meca dos jovens sem destino da noite tecno mundial – *crazy about the clubs*, como um garçom americano-porto-riquenho me falou a respeito –, jovens sem destino como os brasileiros que aportaram por lá.[38] A cidade se tornou a Las Vegas do jogo da alma e do corpo na usina de energia da noite. A cidade *onde todos se jogam*.

Este material de propaganda, que também toma a cidade tecno, porta uma interessante, expressiva e precisa arte gráfica, correspondente ao circuito da moda clubber e underground. Esta estética, mutante na superfície, é composta em geral de um humor bizarro, pontuado por um satanismo adolescente, barato e pop, com fragmentos de imagens próprias ao *bas-fond* e ao campo tradicional da perversão sexual, uma certa celebração do imaginário sexual, que brinca na fronteira do pornô, escatologia algo semelhante à das crianças quando descobrem conscientemente que a sexualidade adulta existe.

De certo modo é o velho sexual de sempre, aquele que Foucault já anotou ser superexposto e superexplorado no movimento geral da modernidade, que está na base, junto a uma estética de monstros de quadrinhos adolescentes, desta produção geral de imagens de mercado. Também a velha moda da bricolagem punk foi renovada, agora com ares de propaganda, estilização feliz que tende diretamente à sedução da imagem que já é mercadoria, com o próprio corpo como suporte da imagem da propaganda, e da autopropaganda, como mídia e não como ser. Neste sistema imaginário todos se pensam, ainda, como um velho Rolling Stone, lúcido, sujo, drogado e hipersexualizado, quando na maioria dos casos se trata de contrafações simples de uma iconografia pop qualquer, já antiga, tão domesticada a ponto de ser o imaginário mais comum de uma cidade como Berlim.

O celebrado estilo *high-low*, que juntaria como fantasia quinquilharias kitsch charmosas que custam tostões com sapatos Prada e bolsas Chanel próprios à obscenidade de consumo do dinheiro global, é exatamente a tentativa de inscrever os fodidos gerais do sistema, que não valem mais que centavos, na coisa toda, e assim negá-lo e afirmá-lo simultaneamente. Tudo funcionando sempre "como se a ação da mercadoria se desse em um mundo onírico cada vez mais sobrecarregado de aparências".[39] As moças que brincam de ser putas, os gays que brincam de ser mulheres, os garotos que brincam de ser junkies, os pobres que brincam de ser ricos, os artistas que brincam de ser artistas, toda inversão deste mundo, que se concebe como grande alteridade, está bastante referida à ordem mais do que conhecida das coisas e, bem ao contrário do que se imagina, ele parece criar pouco: dá continuidade ao que existe. O ponto de fuga radical e criativo de um espaço da performance como este, que seria, por exemplo, o expresso no trabalho do corpo de um artista radical como Leigh Bowery,[40] de fato não existe para os milhões de iniciados, que apenas querem se manter crianças e, como elas, ter acesso fácil ao mundo.

Aquele artista verdadeiro da noite gay e clubber chegou a transmutar a imagem do seu ex-corpo humano no animal, no personagem totalmente plástico e industrial, no brinquedo, no monstro, no pós-humano e, finalmente, na *coisa*. Seu compromisso polimorfo "perverso" com o hedonismo, de resto como o de todos os inseridos na vida positiva do capitalismo contemporâneo, não o impediu de tocar o valor de reificação da coisa da noite, embora sua onipotência plástica seja exatamente a mesma da volatilidade técnica própria do mundo das coisas, das mercadorias, que sem dúvida *evoluem mais que os homens*. Ele chegou a tocar, na sua atuação sem fim, limitada apenas pela forma estética exterior de cada noite, o valor do mal e de desumanização que a operação superficial de seu mundo esconde tão bem.

Se Lucien Freud vai, ao final da vida, ter no corpo nu de Leigh Bowery o seu modelo predileto, esta é uma demonstração hiperirônica do fato de que as antigas linguagens artísticas se relacionam com um corpo e uma natureza de *self que simplesmente não existe mais*. O modernismo plástico radical sempre apontou nesta direção, e o paradoxo de um mundo transformado na potência geral da técnica desumanizadora e estetizante é o seu legado trágico. Freud por sua vez – ao tentar oportunisticamente restaurar o corpo natural daquele que o destruiu definitivamente, na técnica avançada e na ação – intuiu *a fragilidade e o vazio de fundo* que toda linguagem densa de ordem modernista, da qual sua pintura era herdeira retardatária, possui no circuito totalizante da ação e do espetáculo. Este é o verdadeiro mundo contemporâneo, *vivo-morto-coisa*, em atuação, de Leigh Bowery, que não retorna mais, de nenhum modo, ao silêncio, à integridade, ao *self* e à *dor real* dos corpos de Lucien Freud.

Há uma poderosa hipótese psicanalítica de que algo da própria estrutura do eu se constituiria a partir da existência de uma imagem primordial, imagem que antecederia a própria estruturação do sujeito. Esta gestão imaginária original colocaria o eu em perspectiva orientada à identificação com o outro, inscrito na raiz em sua ordem imaginária, fonte primária do próprio desejo. Ao contrário disso, neste universo técnico avançado do império pulsante e industrial da imagem, a circulação frenética de imagens e sua multiplicação ao infinito e ao absurdo resulta de fato *na dissolução programática do eu*, que se produz agora no infinito das suas possibilidades, mas paradoxalmente, sem forma, sem *formação*. As múltiplas formas-imagens, coisas, do Leigh Bowery de cada noite comentam esta pulsão à multiplicação imaginária do eu, a mesma, acredito, que habita a diferenciação imaginária das coisas, *o design inteligente das mercadorias*, de algum modo mimetizando-as, e dissolvendo o foco estrutural *formado* do eu. O eu se forma e se dissolve infinitamente, lá onde não existe mais, no fluxo geral da imagem.[41]

Todavia, esta outridade plena da performance sexual e da noite não é de fato o que é desejado pelos ambivalentes e novos agregados do *high-low*. Eles preferem as unidades significantes do próprio mundo para compor suas cenas, que também devem ser correspondentes às imagens reconhecíveis do próprio mundo. O seu punkismo estetizado e fashion, muito bem cuidado, também é sustentado na medida mesma que mantenha possíveis todas as conexões de mercado[42]. Os pequenos dionisos do mercado da noite também são *normopatas,* fixados à sua própria normalidade. Eles acentuam e levam ao extremo uma faceta da aceitação geral contemporânea, a de uma *normopatia gozosa*.

Também a noite tecno é um núcleo pulsante vigoroso, originário, da *pulsão da moda* do dia, embora de fato, como temos visto, seu mundo seja mais aquele que Adorno anotou um dia, a respeito do jazz – em um conceito limite e negativo fundamental à vida do capitalismo contemporâneo –, o da *moda perpétua*. Este é um dado vivo das transições e afinidades eletivas entre os dois campos da cultura. E, mais uma vez, a *pulsão de moda* da noite industrial vem de muito longe:

> em toda cidade um protótipo bem determinado do folgazão jovem, ou antes, do que não envelhece, com roupas masculinas (o único indício do seu sexo): rosto barbeado e cabelo penteado para trás com brilhantina, ombros com enchimento e quadris apertados, calças largas e botas de couro de bico fino – e esse ar de indiferença das revistas de moda, essa *nonchalance* de um manequim de vitrine, esse falso olhar vítreo de quem está cansado do mundo e esses lábios finos que a própria natureza retocou, auxiliada pelo artifício da fotografia.[43]

Não apenas o espaço das boates e das pistas é uma usina geradora de formas oníricas, eróticas ou bizarras, que adiante vai alimentar a moda de rua e as soluções da moda do tempo, como o próprio campo da moda, ligado ao espírito festivo eterno da noite, elegeu há muito a música eletrônica como o seu melhor espírito de fundo, reafirmando sua tendência a ser música de fundo geral do nosso tempo: é a música eletrônica, na sua versão de estar, *ambient*, que estará presente na maioria dos desfiles, festinhas e *chill-outs*, no mundo de plena superfície da moda.

Esta indústria da vida sobre o mercado, própria do dia, está intimamente articulada àquela da noite sob a alucinação. A moda circula livremente entre os mundos, que acreditam ser diferentes, transpondo elementos utópicos de um campo para o outro, mas simultaneamente revelando a conexão íntima entre eles e servindo ao aplainamento da própria alteridade que por acaso nela se expresse. O destino de toda esta experiência é realimentar o mercado. Os estilistas espontâneos trabalham à noite, como o antigo gênio romântico, para o grande circuito de explorações simbólicas do dia voltar a girar a sua máquina sobre seus próprios corpos, como preconiza o novo gênio masoquista da vida.[44]

A esta afinidade eletiva do sonho com a mercadoria na produtividade da noite festiva se pensa como liberdade e criação. Ela secreta as formas do novo encantamento pela via dos padrões de normatização e dos novos jogos simbólicos, que são sempre os mesmos, próprios à nova moda. Mas trata-se sempre de uma política de mascarada: os clubbers são na verdade fashionistas, enquanto os fashionistas são na verdade os clubbers. Assim a moda goza em dobro na máquina do prazer da noite, pois goza também na máquina do prazer do dia, da produção geral e do consumo. Todo o sistema representa o sonho e o sintoma do estabelecimento de um *contraconsumo*, que ocuparia o lugar da já ultrapassada contracultura.[45]

Mas tal correspondência diz pouco dos milhares de jovens sem futuro, que tentam um destino fluído naquela comemoração extática, que já podemos entender por que não necessita acabar: em geral seus destinos diurnos serão no máximo as caixas de supermercados e os balcões de lojas, quando não o desemprego crônico, transmutado no significante coringa de *produtor cultural* – ou *produtor de moda* –, o que os reduz à verdade dos trocados que ganham no mundo real da produção, no que pode ser chamado tranquilamente de *junkie job.* Bem ao contrário das expansões hiperilusórias e volúveis do glamour da noite. O mundo do trabalho que os reduz ao mais concreto e empobrecido destino que eles acreditam confrontar com sua dança e um sorriso fixado no rosto.[46] Certo dia ouvi de uma moça: *o que pode uma garota hoje, em um mundo sem política, sem direito, sem trabalho e sem cultura, se não dançar a noite inteira, tomar uma droga no banheiro e trepar com um desconhecido ao final de tudo?*

"Por natureza", e de modo essencialmente biológico, já disse Marcuse, os jovens estão na linha de frente da luta da vida contra a morte na cultura humana. Porém, de modo muito diferente do que ele observou na crise social jovem própria da década de 1960, em que tal embate era fortemente político,[47] todas as ambiguidades deste espaço *liberado / domesticado, criativo / reprodutivo, radical / conservador, espontâneo / fetichizado,* demonstram o horizonte forte de captura e de recuo da contracultura diante dos avanços capitalistas da era neoliberal, a partir de década de 1980. Todo este movimento de *correspondências, interpenetrações, condensações* e *deslocamentos* que tornam afins e mútuos mundos que aparecem para si mesmos como antagônicos e negativos, o da noite administrada e o da circulação do mercado do dia,[48] diz respeito ao grande problema político--psicanalítico da subjetividade reorganizada sobre a ordem geral do *espetáculo,* a expansão pública e técnica totalitária do fetichismo da mercadoria, e o seu segredo.

> O indivíduo que foi marcado pelo pensamento espetacular, empobrecido, *mais do que qualquer outro elemento de sua formação,* coloca-se de antemão a serviço da ordem estabelecida, embora sua intenção subjetiva possa ser o oposto disso. Nos pontos essenciais ele obede-

> cerá a linguagem do espetáculo, a única que conhece, aquela que lhe ensinaram a falar. Ele pode querer repudiar essa retórica, mas vai usar a sintaxe desta linguagem. Eis um dos aspectos mais importantes do sucesso obtido pela dominação espetacular.[49]

Esta dinâmica de incorporação à toda vida da sintaxe interna ao fetichismo da mercadoria, apontada na raiz histórica do processo por Guy Debord – e também na origem prototípica deste mundo, nos Estados Unidos do pós-Guerra, por Adorno –, é um problema central à *assimilação contínua* do grande movimento político contracultural e sua negatividade real, que tomaram o espírito jovem nos anos 1960 e 1970. Essa dinâmica constitui a própria e profunda *retórica da assimilação* daquele mundo e daquela experiência, em um mundo de discurso articulado em ato ao gozo geral do mercado, que pretendi estudar de perto neste trabalho.

Ou, finalmente, tudo isso dito nas palavras *hiper-reais* de uma iniciada de luxo, a jovem puta universal do dinheiro e dos clubes, realização final encarnada e autoconsciente do *fascista de consumo*, um dos pontos de fuga ideais dos que habitam este mundo:

> Entrei aos catorze anos numa boate para nunca mais sair. Fui mordida pela engrenagem infernal da noite. Sem possibilidade de condicional. Sou uma toxicômana total. Cheirada por natureza, e perua. Pirada de mundanismos. Doentia ao extremo. Alcoólatra e cocainômana. Sou atraída toda noite pelo meu vício como um bêbado por sua garrafa, como um jogador que vai bater as cartas. Afoguei minhas ilusões em rios de champanhe, eu as sepultei debaixo de montanhas de pó, minha virtude se deslocou de mão em mão, de cama em cama... O reverso da medalha do sonho... Os bastidores da festa...

Cuspo na cara deste mundo, mas ele me possui inteiramente. E é esta a única maneira... Não vou parar de sair. O que iria fazer do meu guarda-roupa Gucci? Dos meus vinte pares de sapatos Prada, dos meus vinte pares de botas Sergio Rossi? Das minhas roupas de puta? Não contem comigo para doá-las a nenhuma obra de caridade. Elton John não tem nada a ver com as minhas coisas. Não preciso fabricar nenhuma boa consciência, não sofro disso.[50]

3
She don’t lie

Os homens sempre desejaram habitar o sonho, ainda mais se ele for feliz. Até mesmo o risco iminente do terror em nada nos dissuadiu de tentarmos pisar no solo dos sonhos, pegá-lo com nossas próprias mãos e finalmente existirmos neles. É possível que este seja um impulso básico, interior, a toda grande aventura e também uma das dimensões primordiais de toda cultura. Como se sabe, uma parte significativa de uma disciplina como a psicanálise é dedicada a entender as formas deste imenso impulso humano. A psicanálise não deixa de ser, como teoria e como técnica, e em toda a sua extensão, uma *onírica fundamental*.

A matéria do sonho pode ter intimidade com o terror, que conhecemos tão profundamente a ponto de nos esquecer de sua presença, e de conviver com ele dia a dia. Indubitavelmente o sonho pode ser malévolo, uma espécie de *flor do mal*, opaco ou maravilhoso. Todavia, se espera, o interesse universal pelo mundo do sonho busca, *mesmo como efeito de mero sonho*, manter viva a noção de liberdade, conceito reduzido a quase nada, se já há muito tempo não se tratar de mentira programática e interessada. Ainda, é na esfera dos sonhos, quando eles baixam à terra, tocam a vida de fato, que habita qualquer possibilidade de *beleza convulsiva*, este conceito, *imagem do pensamento*, avizinhado daquele mundo onírico.

Esta dimensão do desejo, da necessidade e da existência está mesmo projetada naquilo que um incrível psicanalista inglês definiu tão bem como sendo necessário à vida e *ao valor de vida* do que chamamos *realidade*, e seu princípio: a terceira zona da experiência humana, aquela que não é *nem realidade interna, nem mundo externo*, nem sonho puro, nem pura objetividade. Para Winnicott esta região é tão material quanto a própria ordem da consciência e seu mundo problemático, e também quanto o hipermaterial inconsciente freudiano – em seu limite expresso nos sonhos –, embora tal terceira zona da vida humana seja composta de uma natureza de símbolo bastante diferente das demais: um símbolo *que é afeto*, um conhecimento *que ainda é estético*.

As crianças adoram correr atrás do mundo de luz e transparência próprio às bolhas de sabão, e tentar contê-las – o que ocorreria se pudéssemos adentrá-las? – mesmo sabendo que o gesto de pegá-las de fato as destruirá. Mesmo assim as bolhas mantêm a sua matéria *tênue e tensa* de sonho, alegria, leveza e transparência, quase um modelo para toda utopia contida em alguma forma estética, que simplesmente se desfaz quando elas se desfazem. Há um limite *que sonha o sonho da bolha até onde ela resiste*, e então desaba na realidade desencantada. Em uma matéria ainda anterior às bolhas, mas da mesma natureza, é verdade que as crianças podem simplesmente e com facilidade se atirar pelas janelas, não querendo morrer, de nenhum modo, mas na certeza de voarem, de serem sustentadas na experiência da leveza e da mobilidade mais radical. E aonde tal voo sobre o abismo as levaria?

E este não é um universo somente de bolhas: sempre quisemos comer as flores de lótus e os raios de sol e mel que alimentavam os antigos gurus em sua meditação, ou ver transmutado o pão e o vinho na carne e no sangue de Deus, o *cordeiro*, em nós... Sempre buscamos dançar, namorar e pescar nas praias das ilhas e nos céus dos *paraísos artificiais*, onde encontraríamos Baudelaire e Rimbaud, talvez bebendo ou lutando com os piratas de Walt Disney (por que não?), ou entrarmos na lógica avessa, escorregadia e deleuziana da toca do coelho, visitarmos a Cocanha e a terra sem mal, guardarmos viva a memória do ópio e da boca de Baco em nós, ou saltarmos, nas costas do tigre, *no céu livre da história*, movidos a imagens-pensamento, e a conceito, na companhia de Benjamin, em um sopro de haxixe nas ruas de Marselha...

Sempre desejamos o torpor e o esquecimento, a suspensão flutuante dos limites e o cinema, a vida e a criação que tivessem origem em alguma terra insólita, cujos parâmetros, cujos pontos fixos e teoremas pudessem ser alterados com toda a liberdade, mas com precisão, de acordo com o capricho da imagem, surpreendendo a vida no momento exato de sua necessidade. Esta utopia do ser é irmã do sonho, da zona de ilusão no humano, de todo o campo do jogo, da festa e do gratuito. Este seria o mundo erótico *da cultura espontânea*, e seu *gesto*, e o tecido de que ele é feito *é a matéria da ilusão*. Como sabemos, todos estes valores radicalmente eróticos, e sua gama mais ampla de possibilidades, foram bastante reduzidos em nosso mundo à reprodução automática da lógica da mercadoria.

Vou pensar aqui algumas dimensões da *experiência-droga* neste panorama mais amplo do grande amor humano pela ilusão. Não pretendo ser sistemático, de nenhum modo. Acredito que tal matéria se expresse melhor no modo do esboço, e do movimento, do que em qualquer tipo de tratado.[1] Os poucos pontos históricos, culturais ou literários, inteiramente modernos, que vou evocar aqui, servem apenas para que melhor possamos localizar e pesar a experiência do presente, aquela que, se o leitor se interessou por tudo isso até agora, é a que verdadeiramente nos importa. Vou realizar a princípio um percurso de questões, de fato, abstratas, no pior sentido da noção (mas a esta altura quem deseja concretude?), lembrando, como em um sonho, um grande dionisíaco. Vou fazer um deslocamento que a clínica psicanalítica contemporânea reconhece o tempo todo, de muitos modos, do valor econômico do princípio do prazer / desprazer freudiano, para o valor hermenêutico da *dor psíquica* e o *valor de vivo da própria vida*. Peço desculpa pela má filosofia, que deve ser entendida apenas como uma mediação necessária.

Nietzsche concebe a consciência humana como o resultado, formado, de um intenso processo de violências, envolvendo o outro e o poder, que definiria os limites do que se deve lembrar, o horizonte de violência do que não pode ser esquecido, e a natureza daquilo que é possível, e se poderia, esquecer. O esquecimento, para o espírito, seria o dispositivo de liberdade e leveza mínima para livrar-se de um pesado fardo, dispositivo que a consciência precisa ter para poder mesmo existir, ter movimento e estar viva. E a violência, para o filósofo, seria o fundo e a marca das formas principais do que é *esquecível* e do que é *lembrável* no humano.[2]

Neste mundo, que seria a turbulenta casa primordial do eu, a lei foi inscrita a ferro e fogo, como letra *na página de carne do corpo* – exatamente como aconteceu em *Na colônia penal,* famoso conto de Kafka – de modo que o espírito *não a esquecesse jamais*. Este apego inesquecível à ordem proteica da violência, formalizadora do espírito, da consciência, responsável por tudo o que nela é grave, é o que permitiria seu horizonte de liberdade, a única possibilidade de liberdade para o espírito, o *poder esquecer tudo o mais*. Neste ponto, Nietzsche evoca um axioma fundamental da antiga pedagogia: "a letra com sangue entra".[3] Por isso, o ideal de todo regime de força e tortura é que jamais seus algozes sejam punidos: quanto mais o torturador for "anistiado", mais sua marca de terror, sua formatação ideológica da consciência nas marcas abertas no corpo, se torna *inesquecível,* como particularmente ocorre, sistematicamente, com toda ditadura e estado de exceção brasileiros... De fato, e ao contrário do que dizem, os torturadores *não querem ser esquecidos...*

Há uma evidente semelhança entre este raciocínio, que vincula a ordem estável da consciência humana a uma genealogia trágica no poder e na violência, que daria os limites do esquecível e do lembrável para cada um, a própria matéria da vida, e o sistema freudiano de ideias desenvolvido poucos anos depois. Todavia, como é mais do que conhecido, Freud inclui neste processo de civilização – do poder e da violência e sua forja da consciência – a estrutura simbólica daquilo a que chamou de *Édipo*, uma forma da sexualidade infantil. Para ele, esta é a forma dramática privilegiada do rebatimento interior, e a configuração fundamental, da alma humana. Além disso, Freud atentaria exatamente para a constante produção de *ilusões*, como um ato mental tão real e presente para a vida humana quanto qualquer outra ordem de razão, ilusões necessárias ao equilíbrio econômico psíquico e à utopia de um desrecalque de toda a violência introjetada: as fantasias, os comportamentos irracionais e disfuncionais, mas emocionalmente necessários, os *sintomas*, os sonhos, o *momento* utópico superior do chiste... Talvez este campo vivo e semiologicamente estruturado próprio do mundo de Freud, fundado na força do que ele chamou *princípio do prazer*, tenha alguma correspondência, a ser mediada, com o que Nietzsche concebia como as potências *dionisíacas da aparência*...

Nietzsche, por sua vez, vê o processo orientado mais diretamente pelo poder. O poder macro, o poder social, indeterminado, ou, mais concretamente, simplesmente o poder advindo do Outro,[4] da relação e do contrato. O Outro – na *origem* um sádico feliz segundo o filósofo, como as crianças que a psicanálise *realmente* encontra no consultório o demonstram tão facilmente – feliz por trocar os *contratos de troca* por puros gestos de sangue sobre o corpo do outro, origem violenta de toda lei que deve ser internalizada, o que dará a forma mesma do lembrável e do esquecível no humano. Pois, acredito, será sobre esta pulsação entre o lembrável e o esquecível, envolvendo dor, sofrimento e transcendência, e seus limites e potenciais de forma para o próprio sujeito, que as drogas atuarão. "Vós que encontrais no vinho a lembrança ou o esquecimento", dizia Baudelaire, sempre encantado por esta matéria de sua predileção.

De fato, se considerarmos a possibilidade de Nietzsche e de Freud estarem certos, toda consciência porta consigo um fundo de dor intenso, esquecido, mas inscrito, as marcas primordiais, que fazem efeito sobre a nossa forma de ser, de nossa constituição na violência. Nossa consciência desperta se sustentaria sob um vertiginoso, inimaginável, poço de dor. A dor estaria mesmo inscrita nos limites de sua própria fronteira e tecida como algo da matéria de seu próprio continente.

Alguns pacientes muito difíceis sabem muito bem disso, na própria carne, e através deles os analistas o sabem mais ou menos. E seria assim que toda consciência, na tensão de sua violência inscrita como organizadora e forma, *desejaria escapar*, não em direção a um objeto específico, de fetiche ou de transição, como diria Winnicott, ou de desejo, como queria Freud, mas para um ponto de fuga talvez mais radical, para o indeterminado, *para um além de toda a sua forma, para um além de toda relação de objeto*. Toda consciência portaria talvez o sonho utópico de calar a dor de sua existência mesma, mantendo-se viva, negando inteiramente a si própria e superando sua própria forma, sem responder ao compromisso com nenhuma outra. Foi em relação a este movimento que Freud posicionou o seu célebre valor de sentido *além de todo princípio*. Este seria o lugar utópico, indeterminado, na raiz do ser, das *portas da consciência*, na acepção topológica enigmática de Huxley: as portas bem para fora de seu princípio de forma e violências incorporadas, a desterritorialização finalmente livre da dor de si própria.

E este é o dionisismo radical e utópico da evasão. Evasão para o vazio de si mesmo, para a existência resolvida agora em um plano livre de dor, e no limite livre da forma, da consciência ela mesma. Ordem mística, mas não necessariamente teológica, como o mundanismo extático do nosso tempo não se cansa de demonstrar, do *além do princípio do eu*. A droga representa sempre uma mediação, em algum grau, em alguma profundidade, *com este sonho*.

A droga é o objeto vazio da experiência viva, ou a experiência viva livre de todo objeto. A droga é experiência sem objeto, que se objetiva nesta coisa potência, de extensão mínima na matéria, mas infinita como experiência: a droga. Sentido o mais amplo sem consciência; em termos psicanalíticos, pulsão viva sem finalidade. Seu mundo utópico se enuncia em uma região paraconsistente, mas atuada, onde cabe e é legítima a própria negação de toda a *terra* da consciência. Crianças drogadas deixam isto muito claro: elas abandonam os brinquedos. Este é um princípio-esperança, um princípio-utopia no humano.[5] *O sublime sem objeto*. Ou o sublime negativo, *apoiado* na *pequena matéria infinita* da droga.

É pelo menos assim que a experiência apareceu no arquiclássico relato de Thomas De Quincey com a mais clássica das drogas, a droga de todas as drogas, o ópio:[6]

> O senso de espaço, e ao final, o senso de tempo, são ambos poderosamente afetados. Prédios, paisagens etc. eram apresentados em proporções tão vastas que o olho corporal não estava em condições de compreender. O espaço expandido, ampliado a uma extensão de inexprimível infinitude. Isto, todavia, não era tão perturbador para

> mim quanto a vasta expansão do tempo; algumas vezes eu parecia ter vivido setenta ou cem anos em uma noite; e ainda, às vezes eu tinha sentimentos representativos de um milênio passado naquele tempo, ou, de algum modo, da duração de um tempo muito para além dos limites de qualquer experiência humana.[7]

Freud, como era próprio ao seu sistema hipercoerente, acentuou a relação de libido e drogadição, lembrando como um estado desejante intenso pode funcionar para o eu como uma espécie de droga, suspendendo as discriminações. Em uma passagem célebre ele alinhou o uso de drogas como uma das três grandes esferas de práticas humanas necessárias para dar conta do desprazer e da repressão inevitável à civilização: as poderosas *distrações*, como as diversões e a ciência, as *formações substitutivas*, como a arte e os sintomas, e *o uso direto de química* para a alteração da consciência e sua ancoragem no corpo. Estes campos seriam simplesmente estruturais e necessários à condição humana.[8] E se o objeto transicional de Winnicott recebe todas as intensidades subjetivas da criança, que o atravessam como experiência, e é *usado* pela experiência subjetiva até ser totalmente desinvestido, libertando a criança em outro nível simbólico, o objeto droga é um objeto que claramente posiciona, força e controla a subjetivação, bem como pode simplesmente aprisioná-la.

Contudo, o fundamento talvez mais radical da droga seja a suspensão do próprio vínculo com o objeto, a sua dissolução. Todavia, como se sabe, isto não é tudo. De Freud aos Beatles, de Rimbaud a Hélio Oiticica, de Charlie Parker a Jimi Hendrix e Baudelaire novamente, grandes momentos, sublimes e radicais da criação humana podem advir *de alguma jornada neste mundo sem mundo*, o solo da matéria mínima da droga. Estes são provavelmente os homens mais poderosos. Poderíamos talvez chamá-los de *dionisos políticos*, aqueles que conciliam em si o estrangeiro real com a ordem viva de sua cultura, o retorno renovado à sua própria dor, a dor de ter uma forma, tendo-a perfurado desde a experiência da sua própria visitação do informe: o seu *trabalho* – e isto talvez seja importante, estes homens realmente *trabalham* mesmo quando perdidos no mais transcendente campo da droga – sempre porta algo do momento limite, da *beleza convulsiva*, como André Breton tentou nomear o valor do fenômeno. E é deste modo que eles devem algo de vital à mínima e infinita matéria da droga. Exatamente como um dia ouvi do psicanalista Emílio Rodrigué: "Devo tudo à Melanie Klein e à maconha". E, nesta dimensão, a droga deixa, paradoxalmente, de ser radicalmente utópica. Ela torna-se simplesmente *transicional*. São os seus sistemas de pensamento e forma, agora trazidos ao mundo existente, que guardam a marca do inteiramente outro.

Baudelaire – sempre ele quando se trata deste assunto – nos indicou com uma pequena imagem o valor deste tipo de experiência *de retorno*, referindo-se ao seu divino vinho:

> Abro a *Kreisleriana* do divino Hoffmann e leio uma curiosa recomendação. O músico consciencioso deve se servir de champanhe para compor uma ópera cômica. Nele ele encontrará a alegria ligeira que o gênero reclama. Já a música religiosa demanda o vinho do Reno, ou de Jurançon. Como no fundo das ideias profundas, neles há uma amargura inebriante; mas a música heroica não pode se dar sem o vinho da Borgonha. Ele tem a paixão séria do patriotismo.[9]

Como se sabe, para Baudelaire o homem deveria ser pensado um dia – em sua expressão irônica que pode ser diretamente remetida aos psicanalistas: "se um *médico filósofo* chegasse de fato a existir" – no espaço do que seria a sua *terceira personalidade*, aquela verdadeiramente mais potente, *a da soma do humano com o vinho*, "do deus animal e do deus vegetal", a "operação mística" mundana que leva ao *homem superior*, que procederia igualmente das duas personalidades anteriores, a própria, *mais a personalidade do vinho*.[10]

Porém, no nível mais amplo de indeterminação geral do objeto droga, talvez seja por isto mesmo que o trabalho dos psicanalistas com a drogadição seja tão difícil: *ainda* achamos difícil pensar o mundo num campo de sentido onde não haja mediação com as coisas, inclusive e principalmente, *sem a mediação com o próprio eu*, apesar de *ir nesta direção* toda a indicação de Freud sobre o seu método. Mesmo quando sabemos concretamente que alguns humanos, sem droga alguma, e ainda mais, sem o encontro fundante com nenhum objeto primordial, possam viver uma espécie de vida exatamente nestas regiões.

No entanto, como tudo, as drogas são inscritas, e também escritas, no mundo humano e na história, significando coisas e políticas específicas a cada tempo de sua tentativa transcendental de vida, sem os limites da dor. A mesma dor que, da perspectiva da consciência, nos poria de fato na vida – e este é um dos paradoxos mais importantes da experiência psicanalítica – pela via da estabilização de sua forma, mas não de seu enrijecimento. As drogas, de fato, têm uma história e um modo de ser e funcionar a cada época e em cada lugar, modo que também qualifica este tempo e lugar, e que põe o valor de objeto específico de cada uma delas. E é esta dimensão material e concreta da história a que mais interessa aqui.

Mesmo a heroína, a mais radical e objetificante das drogas, de algum modo a "mais transcendental" e, por isso mesmo, a mais regressiva, muito para além do humano, de todas as drogas, pode ter a pulsação de sua atuação também medida pela história: quando os Estados Unidos invadiram o Afeganistão, após os acontecimentos de 11 de setembro de 2001, o governo talibã foi destituído, e isto desorganizou a forte estrutura de controle das plantações de papoula no país, tendo como resultado uma epidemia de heroína na Europa e nos EUA como há muito tempo não se via... A crise do grande mundo político e econômico, doente e violento, mundo da perda total das ilusões, desaguou mais uma vez nas ruas com o poder de sedução triste e mortal do *brown sugar*...

Do mesmo modo, no coração de *Heroin*, a canção de 1967 de Lou Reed para o Velvet Underground, há um claro e intenso sinal político, uma política tão mais nítida poeticamente quanto o movimento de dissipação e evasão proposto pela droga for mais radical e absoluto, em uma sugestiva dialética, quase adorniana, entre o negativo e o seu mundo:

> I have made the big decision
> I'm gonna try to nullify my life
> Cause when the blood begins to flow
> When it shoots up the droppers neck
> When I'm closing in on death
> And you can help me not, you guys
> And all you sweet girls with all your sweet silly talk
> You can all go take a walk
>
> I wish that I was born a thousand years ago
> I wish that I'd sail the darkened seas
> On a great big clipper ship

Going from this land here to that
In a sailors suit and cap
Away from the big city
Where a man can not be free
Of all of the evils of this town
And of himself, and those around

Podemos lembrar também que o trabalho de Thomas De Quincey, escrito na primeira metade do século XIX, tem uma dicção didática, clara e elegante, realmente muito próxima aos ideais próprios ao iluminismo setecentista. De Quincey parece ter sido um homem do século XVIII – ele nasceu em 1785 – pois tratou as potências estrangeiras da droga exatamente como a razão iluminista, que formulava e sistematizava seu ideário civilizatório naquele século, tratava a todo estrangeiro e a todo outro: como ponto de fuga relativo para a afirmação de sua própria potência e universalidade, de se posicionar diante do outro e do mundo, buscar situá-lo, deslocar-se e aproximar-se do sentido estrangeiro como uma possibilidade de si próprio, e, ao mesmo tempo, negá-lo, com a sua própria ordem estabilizada e universalizada de valores, e de escritura, que recobria simplesmente tudo, todo horizonte do real, com didatismo civilizatório e universalismo autorreferido.

Confissões de um comedor de ópio inglês, ou de um inglês comedor de ópio, deste modo, facilmente passaria pelo verbete inexistente *Ópio* na Enciclopédia de Diderot e D'Alambert, apesar de seu alto valor de testemunho subjetivo, o que, no caso, radicaliza ainda mais a força da relação entre a razão e o seu Outro. E, por incrível que possa parecer, algo precisamente desta ordem ainda permanece, cerca de cem anos depois, na experiência tímida de Walter Benjamin com o haxixe, em uma espécie de surrealismo íntimo, experiência conceitual e ordenada, mas *também didática*.

Já Baudelaire, lançado em meio ao século da história, parece confundir-se mesmo, profunda e vitalmente, com os seus objetos-drogas prediletos, o vinho e o haxixe: nele toda descrição é uma festa, uma aposta política, tendendo ao sensório da existência, às ampliações e multiplicações de personalidade próprias a cada droga. A sociabilidade libertária e o *pleno mar* do vinho, as radicais modulações do espírito e o caráter "fundamentalmente antissocial" do haxixe, implicam o sujeito e a vida moderna plenamente, ou seja, no plano da vida pública e da história, bem como de suas necessárias decisões, mais ou menos como o "pintor da vida moderna" também o fazia.

Embora o poeta tenha sido um mestre na figuração das grandes evasões, evidentemente também relacionadas à experiência da droga, os seus mundos utópicos da fuga, do subterrâneo e da viagem, tendiam a ser questionamento positivo, de choque e político, do mundo reificado e reiterado que se anunciava por todos os lados, e que sempre estava dialeticamente presente em suas imagens da evasão.

Em Baudelaire as drogas são poderosos aliados na multiplicação das potências do eu, não por acaso no tempo de sua ampliação histórica real, até os limites mais amplos da própria vida burguesa e sua final redução à mera multiplicação do mercado e das mercadorias. Assim é possível compreendermos o valor em geral superior que ele dava ao vinho, em relação às demais drogas, pelas amplas expansões que a bebida mítica permitia, sem romper com a vida ativa do mundo.

Como também acontecia na noite feérica dos impressionistas, estado simultâneo do ser histórico e do mercado, a droga em Baudelaire parecia participar mesmo da constituição do eu em expansão e de todas as suas modernas potências e ilusões, estendendo, de modo democrático e radical, seus amplos benefícios antiburgueses aos trapeiros, aos pobres, aos artistas e aos revolucionários e, no limite, até mesmo aos burgueses. Este foi o tempo em que a boêmia antiburguesa criou o *valor de uso* social das drogas e da noite, aquele que, muito mais tarde, cairia também sob a administração da indústria cultural.

Há algo desta posição *romântico-política* a respeito das drogas que se manteve ativa na cultura jovem de massas e de oposição ao *status quo* própria do século XX, concepção positiva e de atrito hoje praticamente extinta. Ainda em Thimothy Leary, por exemplo, vamos encontrar claramente um modo semelhante de conduzir a apologia política e subjetivante do LSD – a mais estranha, fria e inventiva das drogas – pelo caminho da experiência multiplicadora do sujeito. Todavia, se recuarmos a outro ponto forte da modernidade, na figura de Rimbaud, tal expansão das possibilidades do sujeito já é considerada de modo radicalmente separado do mundo, nos campos estético, espiritual ou drogado, em uma política da alteridade radical, que não compreende mais o mundo dado como um espaço viável de verdade e de ação. Para Rimbaud, despertar da sua própria e altamente subjetiva *manhã ébria* ou drogada era ter que se localizar no mundo em oposição, no "*tempo dos assassinos*".[11]

De fato, a tendência política positiva e experimental é uma posição radicalmente oposta ao processo de dissolvência niilista com as drogas, e também de última esperança, negativa, muito própria da modernidade avançada e seu mundo de desespero, correspondente ao terror, sem resgate, do fim de toda ordem de ilusões na civilização burguesa. Este mundo se constelou no tipo de boêmia negativa que Arnold Hauser chamou de *a terceira geração boêmia*, aquela na qual, falando a respeito de Rimbaud, o crítico necessitou se posicionar claramente:

"a cultura ocidental teve que alcançar o estágio da sua presente crise antes que semelhante vida pudesse tornar-se concebível".

Este mundo subjetivo, com seu apoio no objeto-droga, é um ponto avançado do campo da autonomia da arte, bem como da necessidade de negativização da vida, para aqueles homens a única verdade diante da catástrofe realizada do pleno mundo moderno.[12] Nas palavras de Hauser:

> A boêmia converteu-se numa ordem de vagabundos e marginais, uma classe onde residem a desmoralização, a anarquia e a miséria, um grupo de desesperados que rompem não só com a sociedade burguesa mas com toda a civilização ocidental. Baudelaire, Verlaine e Toulouse Lautrec são alcoólicos, Rimbaud, Gauguin e Van Gogh vagabundos e andarilhos sem eira nem beira, Verlaine e Rimbaud morrem em hospital, Van Gogh e Toulouse Lautrec vivem por algum tempo num hospício, e a maioria deles consome a existência em cafés, cabarés, bordéis, hospitais ou nas ruas.[13]

E ainda, para esta geração de artistas, "a arte deixou de embriagar, ela apenas narcotiza".[14]

Tal panorama, erroneamente nomeado em seu tempo como decadentista[15] por um preconceito claramente ideológico, era de fato uma resposta em parte programaticamente drogada a uma época de decadência bastante concreta. Um tempo de rebaixamento da vida, que, todavia, já se enunciava de modo positivo pelo signo quase místico do progresso, o mundo tenso do casamento de ciência e mercado, com os seus produtos plenamente visíveis pela forma mercadoria e os seus produtos invisíveis e recusados nas imensas alienações e violências sociais de toda ordem. Essa época conheceu os seus artistas vagabundos e suas radicais experiências e contradições que necessitavam ser interiorizadas, como as de Verlaine – a respeito de quem um comentarista escreveu: "Ele tem aquela admirável resignação que o faz declarar com um toque de doçura levemente absíntico: 'Eu não tenho mais que uma mãe, é a Assistência pública'".[16] –, propôs imagens muito nítidas da tensa situação histórica, como aquelas que se podem entrever no célebre poema "Les bruits des cabarets...", "A voz dos botequins..." (na tradução de Guilherme de Almeida):[17]

A voz dos botequins, a lama das sarjetas,
Os plátanos largando no ar as folhas pretas,
O ônibus, furacão de ferragens e lodo,
Que entre as rodas se empina e desengonça todo,
Lentamente, o olhar verde e vermelho rodando,
Operários que vão para o grêmio fumando
Cachimbo sob o olhar de agentes de polícia,
Paredes e beirais transpirando imundícia,
A enxurrada entupindo o esgoto, o asfalto liso,
Eis meu caminho – mas no fim há um paraíso.

O caso exemplar de Georg Trakl, que sonha em negativo, fala poderosamente por si mesmo: nunca drogas, tragédia histórica e pessoal, miséria, guerra e beleza sublime, sem redenção, andaram tão próximas quanto de fato o são.[18] Como se impôs a Rilke, a Adorno e a Modesto Carone, aquela poesia negativa não se diferencia em verdade daquela vida, em seus extremos de desumanização. Sua beleza sobre o terror e o mal, *os atalhos lunares do desterrado, pleno de lixo e pó de estrelas*, é de fato a beleza faltante de toda a vida, *e só por isso ela é bela*. E as drogas seguem a mesma receita. Vida e arte, um plano não explica o outro, *é o outro*.

A verdade do mal opaco e maravilhoso do poeta expressionista é a verdade do momento sacrificial do capitalismo imperialista, o mundo dos horrores do século XX, com sua única oposição no espírito já destruído, que fala em Trakl como *espírito absoluto drogado*. Acredito que algo substancial de nossa tentativa maníaca contemporânea de exercitar aquilo que vem sendo chamado de *economia do gozo*, junto às drogas e à noite sem fim, é em grande parte *a tentativa desesperada de negar o desespero*, muito próximo à dissolução de todos os mundos, como ocorreu com Trakl diante da catástrofe da integração total em um mundo que não pode se dissolver, e que não é bom.

Mas, despertando do terror subjacente à experiência, quero retornar às importantes ilusões da cultura jovem, enfeixadas na grande e geral textura de significação do *pop*, que é onde opera, com muito mais certeza, o mundo de nosso objeto neste estudo. Podemos olhar então para o teto da Capela Sistina da drogadição pop. Os Beatles, no auge histórico da expansão daquela cultura jovem ocidental, durante a década de 1960, com seu famoso registro lírico, elegante e experimental, que elevou o pop ao estatuto definitivo de algo digno de ser pensado, uma vez que de fato ele passava a rigorosamente nos pensar, posicionaram-se diante do LSD como os novos *bebês sábios*, presentes nos sonhos de pacientes do psicanalista Sándor Ferenczi: homens muito jovens que foram capazes de pensar o objeto droga na sua maior amplitude e precisão, desenhando de modo quase analítico, rigoroso e estético *a própria linguagem* da mais plástica, espetacular e sensorial de todas as drogas.

O modelo do *ácido lisérgico* parece ter aparecido para eles com a sua própria dimensão material, mineral ou química, e o que se tentou dar conta em *Sargent Pepper's Lonely Hearts Club Band* é, de maneira reflexiva, irônica e até mesmo épica, no sentido claramente brechtiano e moderno do termo, o modo *com que a própria coisa funciona*, a natureza de *pensabilidade da forma lisérgica*. Inventou-se ali todo um sistema estético sobre o objeto droga de modo mais ou menos semelhante como o que Freud operou com a forma sonho, como uma forma que produz, na sua própria formatação, um amplo tipo de conhecimento humano.

De todo modo, aquela frieza analítica de alto valor estético parece repor, no fim do ciclo de *experimentação* ocidental com as drogas mais potentes, um novo tipo de discurso clássico, e de algum modo este grande circuito de negociação humana e epistemológica com as drogas se encerra, não por acaso na década de 1960, sobre as bases iluministas que o inauguraram, ao modo de um De Quincey, mas agora instaurando um amplo iluminismo de massas, lúcido drogado, na nova ordem do espetáculo e do mercado global, *pop-orientado*.

Tal operação estética *beatleniana, tour de force* do pensamento, da existência e da forma, criou a partir de então um verdadeiro *topos* pop, que parece mesmo não ter mais fim, embora o seu rebaixamento sistemático ao rés do chão de todo o sentido justificasse uma autocrítica severa: a chamada, em geral, *psicodelia*. Neste eixo estético e elegante dos bebês gênios dos anos 1960, de fato os *adolescentes gênios*, com sua esperança moderna, experimental e universal, algo de muito importante se perde, e a contrapelo de tal esperança na capacidade de ilustração e elevação simbólica da comunicação de massas se inaugura a partir daí um tempo generalizado de *ampla drogadição social* que jamais atingirá aqueles picos de lucidez e beleza ainda encontrados em 1968.

E ainda mais, pouco tempo depois a experiência erótica e de expansão da pensabilidade por parte de uma geração conhecia, mais uma vez, o seu limite e a sua radical paralisação. Uma observadora participante acima de qualquer suspeita, como a poeta e rock star protopunk Patti Smith, pôde anotar sobre o destino reificado de uma geração, ao se referir aos usos e costumes da célebre boate Max's Kansas City, o templo de Warhol e seu séquito na Nova York de 1960:

> Mas, correndo pela artéria principal, a coisa que no fundo acelerava o seu mundo e depois os acalmava era o *speed*. A metanfetamina, que ampliava a paranoia, roubava parte do poder natural, drenava a confiança e saqueava a beleza. [...] Dan Flavin havia concebido sua instalação [*que iluminava de vermelho a sala do fundo do Max's*] em resposta à crescente mortalidade da Guerra do Vietnã. Ninguém na sala dos fundos fora morrer como voluntário no Vietnã, embora poucos ali fossem sobreviver às cruéis pragas de uma geração.[19]

E aqui chegamos novamente ao enigma de nosso tempo, hiperconcreto e hiper-real. No grande e fascinante movimento, com certa duração histórica, da expansão social da drogadição ocidental é possível pensarmos que nossa época ocupa uma posição verdadeiramente inédita. Ela inventou algo próprio no sentido e no modo de posicionar a experiência droga, que passa, a princípio, por uma certa liquidação de alguns elementos do passado moderno de concepção e uso das substâncias, e simultaneamente pela criação de uma nova ordem de práticas sociais, *que também querem dizer algo*, mas algo que, mais uma vez, *não se deve saber o quê*.

Em primeiro lugar, nosso tempo é o tempo da drogadição em massa. Uma drogadição ampla que vai da pré-adolescência à vida adulta avançada, e da qual a generalização, ainda mais total, da drogadição oficialesca de caráter médico não é um dado exterior. A timidez e o cuidado, por exemplo, que ainda podemos ver em uma entrevista de Paul McCartney de 1967, quando inquirido sobre por que ele declarou ter tomado LSD, e as consequências para os jovens daquele ato, quando o Beatle mais bonito, constrangido, respondeu ter ficado dividido entre a verdade e a lei, fazem parte da arqueologia de nossa drogadição contemporânea.[20] Tal recato, educado e infantil, ainda mais vindo de um ídolo pop, não tem nenhum sentido no mundo de hoje, quando se trata de drogas e o seu mais amplo consumo de massas. Nosso mundo pop é o do *expressionismo drogado*, mas bastante dócil, fashion e positivo.[21]

As drogas, como todos sabemos, estão por toda parte: nas lutas sem fim que clivam as cidades e as periferias na periferia do capitalismo, constantemente nos programas de TV e revistas da indústria cultural, e em muitos lugares legitimados na própria vida oficial da cultura, sendo que um deles é o objeto mais amplo deste estudo, a grande noite da diversão industrial. Nosso tempo é o tempo em que laboratórios farmacêuticos planejam, e estes são elementos ideológicos e comerciais bem conhecidos no mundo *psi*, a produção de drogas psicotrópicas de caráter cosmético que poderiam ser compradas diretamente pelo usuário na gôndola da farmácia, ou, melhor ainda, na prateleira do supermercado. Se ainda não chegamos ao momento da fluoxetina vendida como aspirina, ou, melhor ainda, como Coca-Cola, é, como se sabe, apenas de um ponto de vista estritamente formal, porque a liberalização irresponsável e fascinada pela medicalização da existência, com precisos horizontes ideológicos e normativos, não apenas dos psiquiatras ou de pacientes drogados, se generalizou.[22]

Se hoje em dia a medicina exercita o único discurso eficaz contra as drogas recreativas e as pesadas,[23] um evidente discurso de caráter moral, disciplinar, ela também preenche o mesmo campo da drogadição generalizada com suas próprias drogas industriais e terapêuticas, que em muitos e muitos casos, como se reconhece nos consultórios psicanalíticos todos os dias, transcendem amplamente qualquer função terapêutica. Bertram Gross recolheu em seu livro sobre o *fascismo amigável* do capitalismo avançado americano alguns anúncios da indústria farmacêutica em jornais psiquiátricos, ainda em 1980 (em 2001 eu mesmo vi anúncios exatamente deste tipo na TV aberta, de madrugada, em Washington):

> O QUE FAZ UMA MULHER CHORAR? Um homem? Outra mulher? Três crianças? Nenhuma criança? Problemas? Você chama isto de... se ela está deprimida, considere Portofane.

> ESCOLA, O ESCURO, SEPARAÇÃO, IDA AO DENTISTA, MONSTROS – AS ANSIEDADES COTIDIANAS DAS CRIANÇAS POR VEZES FICAM FORA DE CONTROLE. Uma criança pode frequentemente lidar com estas ansiedades. Mas por vezes as ansiedades dominam a criança. Então ela precisa da sua ajuda. Sua ajuda pode incluir Visatril.[24]

Deste modo parece haver mesmo uma luta pela hegemonia do campo geral da drogadição humana hoje: a medicina discrimina e ocupa o campo *com seus próprios objetos-droga* e seu projeto normativo, mas também regressivo, específico, enquanto a dimensão heroica do humano, marginal ou romântica – como o autor da *Cosmococa* já anteviu e realizou nos anos 1970 –, prefere o investimento amplo e maciço na cultura das drogas ilícitas, da maconha dos jovens adolescentes, passando pela cocaína do *grand monde*, até os ácidos e sintéticos coloridos do *mundo pista*. Assim, vivemos, talvez pela primeira vez na história, em uma imensa cultura de massas da droga, ou *cultura-droga,* ou *Cosmococa*. Vivemos em nosso próprio e privado *Planet Hemp*.[25] Nosso curioso tempo é aquele em que o *submundo* virou o mundo.

Apesar deste truísmo, todos sabemos, as drogas ainda são criminalizadas, produzindo, dialética e negativamente, de modo correspondente à força do seu *mercado negativo*, um imenso campo político e um complexo *mercado bélico e policialesco positivo* que, em si mesmo, alimenta poderosos interesses, inclusive de ampla reserva de manobra para os estoques desmobilizados da indústria armamentista global, e, talvez, de espaço simbólico livre mais amplo para manobras imperialistas futuras em regiões periféricas, na América Latina e na Ásia. A geopolítica do *Planet Hemp* é pesada e afirmativa, como o seu armamento o expressa muito bem.[26]

A drogadição do presente também se diferencia daquela que poderíamos chamar de moderna por outras características, embora, igualmente, também se disfarce, como tudo que é jogo e máscara neste mundo, naquela antiga tradição. Poderíamos talvez falar de um tempo surrealista generalizado, um paradoxal *surrealismo globalizado*, da mesma maneira que Gretel Adorno escreveu a Benjamin ao ver de madrugada nos arranha-céus de Nova York a ruína fantasmagórica do surrealismo realizado, na própria forma do capital. Este mundo da drogadição presente poderia talvez ser confundido com a situação de *ebriedade da existência*, ou narcotização da existência, pela via de todo tipo de *experiência de deslocamento*, como foi o núcleo da experiência surrealista na origem turbulenta do século XX.

Contudo, as coisas não funcionam assim. Há diferenças *de estrutura* no valor da drogadição e da crítica surrealista radical à cultura burguesa e a da nossa própria massa de jovens sem destino, entre a ruína e a defesa maníaca conservadora. Não estamos de nenhum modo diante do *mesmo sonho* moderno e de vanguarda – vanguarda que de fato hoje, afora as diatribes da mercadoria, se concentra aos olhos de alguns apenas na mística política negativa do tecno islamismo.[27] Podemos relembrar a dimensão materialista mais ampla da filosofia do surrealismo, com Walter Benjamin:

> Na estrutura do mundo o sonho mina a individualidade, como um dente oco. Mas o processo pelo qual a embriaguez abala o Eu é ao mesmo tempo a experiência viva e fecunda que permitiu a estes homens fugir ao fascínio da embriaguez. [...] Quem percebeu que as obras desse círculo não lidam com a literatura, e sim com outra coisa – manifestação, palavra, documento, *bluff*, falsificação, se se quiser, tudo menos literatura –, sabe bem que são experiências que estão aqui em jogo, não teorias, e muito menos fantasmas. E essas experiências não se limitam de modo algum ao sonho, ao haxixe e ao ópio. É um grande erro supor que só podemos conhecer das "experiências surrealistas" os êxtases religiosos ou os êxtases produzidos pela droga. [...] A superação autêntica e criadora da iluminação religiosa não se dá através do narcótico. Ela se dá através de uma *iluminação profana*, de inspiração materialista e antropológica, à qual podem servir de propedêutica o haxixe, o ópio e outras drogas.[28]

Noutras palavras, o deslocamento surrealista, a sua *dialética da embriaguez*, que poderia se dar também através das drogas, era um deslocamento mais forte, que incluía o pensamento e principalmente o ser em práticas sociais materiais para além mesmo da variação meramente imaginária, abstratamente subjetiva, guardada no mero *continente droga*. A experiência moderna evitava reificar o potencial crítico humano, que lutava com todas as armas para escapar ao circuito da cultura burguesa e seus fetichismos endógenos, com uma nova ordem de fetichização qualquer, como a do objeto droga, *experiência sem objeto que passaria a ser o seu próprio objeto fetiche.*[29]

Todavia, é esta a captura de massas, deste modo *antissurrealista*, na ordem mundial de drogadição de nosso tempo. Sua principal característica política, e talvez a dimensão que mais defina nossa época, é que nossa drogadição geral *quase nada mais tem de negativa e confrontante* em relação às próprias estruturas da cultura oficial, de mercado total, no momento atual do capitalismo. A antiga contracultura da droga, hoje um subsetor quase ingênuo da cultura de mercado, perdeu seu valor de corte e de tensão, na medida em que se generalizou e universalizou nas condições gerais da sociedade de classes, em conjunto com o mercado geral da existência, *perdendo o* potencial *crítico*. Ela é inteiramente lida, mesmo em suas contradições centrais, como um universo cercado pela administração: administração médica, administração policial e política e *administração espetacular*, correspondência festiva e inconscientemente normativa à ordem do consumo. Trata-se, mais do que nunca, de uma prática pragmática, afinada com o princípio geral do hedonismo de mercado. Esta é a diferença central de nossa época em relação a toda cultura *moderna* do *estrangeiro* da droga. Nas palavras de Sadie Plant, sobre o novo estatuto e a emergência da drogadição contemporânea a partir do advento do sintético MDMA, o ecstasy:

> As visões extraordinárias que se produzem na ausência de muito das sensações corporais normais levaram as revelações estéticas do século XIX com a droga a novos extremos. Os efeitos de indiscriminação e de bem-estar do MDMA introduziram o mundo *mainstream* à com-

> pleta pletora da farmacopeia das drogas psicoativas: LSD, speed, cocaína e até mesmo o crack e a heroína passaram a participar do mundo da recreação. O consumo se tornou conspícuo.[30]

E, como vimos, há um limite tênue entre a nova universalidade do consumo conspícuo de drogas – totalmente articulado ao sistema geral da *diversão conspícua* – e o seu consumo promíscuo.

O campo contemporâneo da droga, seja o da adolescência regressiva e infantilizante, feliz e depressiva, dos maconheiros eternos, seja o da psicodelia utilitária dos ácidos e dos ecstasys, e suas grandes festas sem fim, seja o do incremento de potência para a produção, e de mau-caratismo simultâneo, próprio da cocaína, está amplamente alinhado com a ordem social que não se reconhece mais em crise, por mais horrível que ela verdadeiramente seja. Todas estas práticas, diferentemente das modernas, não confrontam nada, elas se alinham com a ordem da vida degradada do mundo do mercado total, onde não há diferença histórica a desejar, mas apenas alguma pálida diferença *subjetiva*, lícita ou ilícita, e sempre *de consumo*. Por isso Giorgio Agamben vai situar o espetacular movimento drogado de nosso tempo no grande polo histórico da *perda da experiência*, e também reconhecer sua fundamental diferença de estatuto em relação à experiência propriamente moderna da droga:

> A atual toxicomania de massa deve ser considerada, ela também, na perspectiva aberta pela destruição da experiência. Pois entre os novos drogados e os intelectuais que descobriram a droga no século XIX a diferença é que estes (em todo caso os menos lúcidos) podiam ainda alimentar a ilusão de viver uma experiência inédita, enquanto para os primeiros se trata de se livrar de toda a experiência.[31]

Deste modo, em nosso mundo, Dioniso tornou-se uma marca gozosa de diferenciação subjetiva na ordem geral do consumidor universal, a cidade capturou o Deus, e *as bacantes vestem Prada*. O imenso *mercado negativo* das drogas não coincide com a *negatividade das drogas* na vida humana.

É possível que a ampliação universal do valor cotidiano da droga corresponda a esta suspensão da potência humana para a detecção da crise real do mundo como exterior ao sujeito, como coisa lá fora de mim, objetiva, e não subjetiva. "Trata-se de correr atrás da inflação dos sinais depreciados da vida. A droga ajuda a pessoa a se conformar com essa organização das coisas; a loucura ajuda a evitá-la", na formulação de Guy Debord.

Estamos muito longe, absolutamente longe, no mundo de nosso antissurrealismo drogado próprio dos felizes *chemical brothers* atuais, da situação moderna e dialética do sujeito diante da droga, e do próprio pensamento e sua situação crítica sintetizada, mais uma vez, por Walter Benjamin:

> A investigação mais apaixonada da embriaguez produzida pelo haxixe nos ensina menos sobre o pensamento (que é um narcótico eminente) do que a iluminação profana do pensamento pode ensinar-nos sobre a embriaguez do haxixe. O homem que lê, que pensa, que espera, que se dedica à *flânerie*, pertence do mesmo modo que o fumador de ópio, o sonhador e o ébrio, à galeria dos iluminados. E são iluminados mais profanos. Para não falar da mais terrível de todas as drogas – nós mesmos – que tomamos quando estamos sós.[32]

Noutra direção, a história social da tomada mais ampla do campo da cultura por uma drogadição positiva também se diferencia conforme as posições nacionais e o desenvolvimento de cada sociedade na ordem geral do mundo contemporâneo, e suas verdadeiras posições diante da face atual do capital. Países periféricos, com menor tradição de cidadania e situados na posição da tensão repressiva global como *produtores* do mercado negativo, têm uma equação em relação ao sistema de *símbolos sociais* da droga bastante diferente dos efeitos culturais e do sentido das coisas própria aos países desenvolvidos, e grandes *consumidores*, centrais.

Isto já chega a se expressar claramente em políticas diferenciais, de orientação geopolítica global, que vão configurando o muro periférico e bélico da droga em oposição às tendências centrais gerais de aceitação social do inevitável: assim, no início de 2009 os EUA aumentaram a pressão por repressão no México, onde 45 mil militares foram postos em combate na guerra contra as drogas, 45 mil pessoas foram presas em três anos e 6 mil pessoas foram mortas apenas em 2008, ao mesmo tempo que o Estado de Nova York anunciava um abrandamento da lei antidrogas, em vigor desde os anos 1970, visando enfatizar a "redução de danos", muito provavelmente a redução de danos econômicos, uma vez que os 12 mil presos por crimes relacionados à droga no Estado representavam 21% da população carcerária total... Assim, diante da escalada global dos fatos, políticos periféricos fora do poder e, portanto, fora da ribalta do controle estrito da geopolítica americana militarizada – que lentamente expande uma nova guerra em surdina, mas pesada, na periferia[33] – tentam avançar um ponto, já bastante singelo dado o adiantado da hora da drogadição geral: em fevereiro de 2009 a Comissão Latino-Americana sobre Drogas e Democracia, formada pelos ex-presidentes do Brasil, Fernando Henrique Cardoso, da Colômbia, César Gaviria, e do México, Ernesto Zedillo, publicou um relatório em que considerava que a "guerra às drogas" havia fracassado, e conclamava a um debate mais amplo no qual as drogas deveriam ser pensadas essencialmente como questão de saúde pública, e não criminal, e propunham, como primeiro passo de distensão, a descriminalização geral da maconha...[34]

De outro ponto de vista, há uma história cultural da consciência da cultura-droga, e sua universalização, com sua articulação ao mundo do entretenimento e sua fusão ao modo da música eletrônica nos países centrais que absolutamente inexiste nas felizes contrafações periféricas, ou em suas distorções particulares do que é e do que foi o fenômeno cultural central.

No centro do capitalismo se chegou a perceber e se afirmar a cultura geral da drogadição como um dado novo amplo, estético, existencial e político, que diferenciou a história da cultura jovem entre os anos 1980 e 1990 e 2000. Um elemento poderoso da história de nossa drogadição maciça e positiva, depois do grande ciclo contracultural dos anos 1960 e 1970, foi exatamente a invenção e a institucionalização da cultura tecnoclubber, onde se fundiu pela primeira vez a experiência da dança e da diversão, sob a textura específica da música eletrônica, e o uso *necessário* de drogas sintéticas de valor psicodélico.

Este é um dado muito próprio de nosso tempo, quando visto do ponto de vista do valor histórico das drogas: pela primeira vez na cultura ocidental se prescreveu como uma dimensão normativa de sociabilidade comum, agora universal, a articulação de um campo prático da vida, um modo de diversão e o uso necessário de drogas. Deste modo, pela primeira vez na ordem ocidental moderna a drogadição se tornou prática social coletiva, positiva e, portanto, de algum modo funcional. O circuito ritual da existência no campo da diversão e do lazer inclui desde então um lugar real para a drogadição, dispondo de modo pragmático e socialmente reconhecido sobre a necessidade geral de se drogar, a partir de agora bem localizada na vida social.

Este modo avançado de as sociedades pós-industriais e de consumo conceberem um lugar para a drogadição em sua própria estrutura de funcionamento muda definitivamente, para positivo, regulado e socializado o valor de alteridade e problematização da experiência histórica da droga. A correspondência percebida na origem pelos ravers deste ritual pós-industrial com o transcendente da droga *como necessário*, e seu lugar social totalmente mundano, com os antigos rituais de culturas religiosas em que a droga *também tinha um lugar prescrito e necessário*, talvez não seja casual, ou uma mera imagem, metafórica, das coisas. Não é por acaso que neste mesmo período histórico emergiu a religião ritual, de caráter fortemente arcaizante, que também prescreve uma droga alucinógena como absolutamente necessária, o Daime. São as sociedades não ocidentais cujas estruturas de mutação histórica são extremamente lentas e a regulação com o trabalho, a natureza e o outro é estabilizada pela *estrutura geral do mito*, que conhecem as drogas como um sistema positivo, embora transcendente, de realimentação e regulação do próprio sistema social geral.

Creio que esta é uma dimensão fantástica do problema. Nosso mundo moderno de possibilidades individuais e históricas *abertas*, e nosso campo da indústria da diversão da drogadição como ritual *necessário*, talvez reponha um circuito de estruturas muito antigas, *fechadas*, próprias de sociedades míticas de muito pouca transformação. A cultura tecno, articulada ao seu mercado, dá lugar oficial e necessário a uma prática que confirma a droga como positiva, em um mundo que necessita dela assim e se confirma nela, algo que também ocorria em sociedades míticas não ocidentais. Assim, a socialização necessária da droga é um movimento que corresponde ao processo geral mais amplo de suspensão da própria noção de história *aberta*, quando a pressão do mundo das classes se torna gigantesca, mas *insuperável*.

Poderíamos dizer, se há ainda algum traço de valor iluminista em nossas vidas, que estamos vivendo um amplo e novo regime disciplinar drogado, irracionalismo adaptado e a favor, niilismo de consumo, que necessitam sistematicamente esterilizar potências críticas. Neste mundo a ordem imaginária e estética se expande sobre ordens de confrontos reais, como era a regra na antiga modernidade. A droga, então, regula o psiquismo e a destruição protelada em um novo espaço político em que o sujeito não é mais controlado exteriormente, e nem deve ter dimensão própria para esta exterioridade, mas apenas na constância da submissão ao mundo do que é, o mundo do trabalho podre (quando há trabalho) e dos poderes degradados, mas sempre *do bem*. Para isto ela está positivada definitivamente na cultura.

Antes de vermos a leitura de história cultural própria ao campo desta *drogadição confirmadora* no relato de sua experiência no centro do capitalismo, podemos também nos aproximar deste espaço da necessidade da droga no mundo do entretenimento pelo próprio dispositivo simbólico que ela criou, o seu *aparelho* e o seu ponto de fuga institucional e econômico, onde tudo teve origem e onde, no final das contas, tudo foi parar: a boate. E aqui podemos lembrar mais uma vez Joseph Roth e sua visão aguda rigorosamente das mesmas coisas, em outro momento histórico, na Berlim dos anos 1920:

> é como se esta indústria do entretenimento, tosca e homogeneizada, criasse em todas as cidades do mundo o protótipo do farrista

> noturno, com as mesmas necessidades rigidamente tipificadas e extremamente básicas, que são satisfeitas segundo regras bastante simples.[35]

Quando vamos a uma boate tecno qualquer podemos perceber claramente como todo o dispositivo é montado para simplesmente incluir o lugar necessário da droga. Após algumas horas de uma música que oscila entre agressiva, orgiástica e sensual, repetitiva e por vezes muito concreta, que produz desgaste físico e sensorial, e após um tempo suspenso e relativamente tedioso de muitas conversas fiadas e vazias, quase inaudíveis, que transmitem verdadeiramente pouco ou quase nada sobre a vida ou sobre as pessoas; após o tempo da constatação da banalidade e da fraqueza geral e comum, e sua pobreza de sentidos, que evoca precisamente a questão que Adorno percebeu com acuidade um dia, "quem ainda se diverte em um lugar de diversão hoje em dia?", chegamos ao momento do grande tédio de tudo: do muito pouco de experiência que aquela ordem de experiências produz.

Este momento de vazio, parado no meio do ruído máximo, e da agitação maníaca, simplesmente desprovida de sentido, *é o momento necessário*, para que algo chegue mesmo a acontecer, para que alguma experiência possa enfim se dar, *da entrada em cena da droga*. Se alguém adentrar esse dispositivo de modo isento e não se drogar, depois de duas ou três horas ele se torna infernalmente repetitivo e vazio de sentido, mergulhando o sujeito em tédio irritado pelo potencial material concreto da experiência, a batida eletrônica altíssima, bruta poderíamos dizer, que é quase sempre a mesma. Estamos então diante da hora humana determinada para a aparição da droga – e existe todo um jogo excitado ao redor da sua aparição.

Depois que o espírito se reconheceu totalmente vazio diante do mundo infinitamente repetitivo, só a droga psicodélica pode devolvê-lo a si mesmo, desde o seu lugar bem socializada no próprio mundo, nova função social da droga. A droga traz o *sujeito* de volta, como imaginário e como criação, lá onde ele está mesmo no limite de se reconhecer totalmente petrificado e vazio, morto em vida. Sem a droga a experiência total da *cena* beira o insuportável, a cena simplesmente não porta experiência, a não ser a do seu choque. Com ela, um psiquismo plasticamente liberto, e afetivamente restaurado, reencarna-se por um segundo na vida danificada.

Todo o dispositivo está montado para que a experiência projetiva, e de animação do espírito, venha da droga sobre o vazio geral das coisas e das presenças. Mais ou menos como em um cinema, todo o dispositivo está montado para que a animação do humano venha do filme projetado sobre um sujeito que reduziu a atividade sensorial do espírito para libertá-la à imagem, mas, na boate, a agitação frenética ao redor corresponde de fato à tela em branco, e a luz intensa da droga à luz colorida do filme, à vida que finalmente toma o espírito.

Podemos ver agora, finalmente, qual foi o "filme", o sonho de uma época, como dizia Benjamin, historicamente projetado pelo *boom* da música eletrônica e do ecstasy:

> Um brilhante flash de luz, diferente e único para cada um, mas, igualmente, massivamente significativo. Quando o ecstasy foi pela primeira vez associado com a *house music* em algum momento dos anos 1980 a reação disparou o mais vibrante e diverso movimento jovem que a Inglaterra já havia visto. A cultura do ecstasy – a combinação da música de dança (em todas as suas formas) e drogas – foi

um fenômeno que impulsionou a cultura jovem britânica por mais de uma década. Ele liberou ondas de choque que continuam a reverberar culturalmente e politicamente, afetando a música, a moda, a lei, as políticas governamentais, e incontáveis outras áreas da vida pública e privada. A razão fundamental de tal fenômeno se tornar tão amplo e pervasivo, se reproduzindo em cada grande ou pequena cidade, e se espraiando muito para além das fronteiras do país, é simples e prosaica: ele era o melhor formato de entretenimento do mercado, uma organização estratégica de tecnologias – música, química e computadores – para alcançar estados alterados de consciência, experiências que mudaram o modo como pensamos, o modo como sentimos, o modo como agimos, o modo como vivemos.

Há um atrito constante entre duas ideologias em competição em qualquer cultura: a elitista versus a populista, a vanguarda contra a massa. Embora em cada uma de suas fases a cultura do ecstasy tenha sido marcada por estes conflitos, o seu ethos predominante é essencialmente *inclusivo*. Ela tem uma fórmula aberta de acesso: mais do que uma ideologia definida há uma série de possibilidades que as pessoas podem usar para definir sua própria identidade, possibilidades adaptáveis a cada background individual, status social e sistema de crenças. É uma cultura definitivamente maleável, pragmática com o novo sentido. A história recorrente na cultura do ecstasy é a das pessoas entrando em cena, inspiradas pelo flash revelatório da experiência primal com o ecstasy, e então se tornando envolvidas e alterando a direção da cena mesma, aplicando o seu próprio enquadre de referências à sua experiência. Clubbers, empresários, viajantes, hippies, criminosos e músicos, todos acrescentam novos discursos à cena adaptando-a para dar conta de seus próprios desejos e necessidades – a partir de seu inexorável dina-

> mismo, sua autoinvenção perpétua e, para uma cultura jovem, sua longevidade sem precedentes. [...] Esta é uma cultura com opções no lugar de regras.
>
> No seu coração havia uma tentativa conjunta de suspender a transmissão normal, ao menos por uma noite. Uma missão de se reapropriar da consciência, de inventar, não importa com que brevidade, um tipo de utopia – a que o filósofo anarquista Hakim Bey descreveu como "uma zona temporária autônoma". Estas zonas, diz Bey, "são ataques repentinos bem-sucedidos à realidade consensual, alcançando uma vida mais intensa e abundante", momentos passageiros em que a fantasia se torna real e a liberdade de expressão prevalece antes de a realidade externa intervir. "Vamos admitir", sustenta Bey, "que temos visto festas em que por uma breve noite uma república dos desejos gratificados foi realizada. Não devemos confessar que a política desta única noite tem mais realidade e força para nós do que, digamos, todo o governo norte-americano?"[36]

Se assim foi, então que assim seja.

Quero apenas destacar alguns elementos poderosos e que tendem a passar despercebidos nesta reflexão depoimento: o que os autores querem dizer com "o melhor formato de entretenimento do mercado"? Até onde vai, diante de tal realidade, imutável e estabelecida a priori, a do consumo, a possibilidade de "experiências que mudaram o modo como pensamos, o modo como sentimos, o modo como agimos, o modo como vivemos"?[37] Não há nenhum constrangimento diante da privatização da tentativa de desequilibrar o regime da repressão normativa comum, da privatização da política de *Eros e civilização*. E o que dizer então de "a política desta única noite tem mais realidade e força para nós do que, digamos, todo o governo norte-americano"?

Talvez... Ou, talvez, para um americano e homem global, filósofo pop do instantâneo e do ilusório, como Hakim Bey, ou para ingleses como os jornalistas Collin e Godfrey, e sua longa tradição liberal de liberdade conservadora para os "estilos de vida", esta grande alucinação coordenada pelo hedonismo de mercado, sob as mínimas proteções de economia e cidadania próprias dos países centrais, tenha verdadeiramente algum sentido político forte, numa tentativa de atualizar a velha política dos ganhos de *costumes*, colocando-a em uma nova circulação de massas, de um novo tipo de *sujeito-massa*... Resta perguntar se isto faria sentido para um jovem iraquiano ou paquistanês, um pequeno *avião* mexicano ou um *falcão* que não pode dormir à noite e morre aos dezessete anos em alguma favela do Rio de Janeiro.[38] Todos eles enfrentam diretamente em suas vidas posições de poder efetivas dos Estados Unidos no mundo, e drogas para eles significam, basicamente, duas coisas: mercado e guerra, viver ou morrer. Não é necessário irmos muito longe para nos depararmos com a ingenuidade generosa que embala as posições dos iniciados no principal movimento estético e político da drogadição do presente.

O discurso também expressa o desejo de estabelecer claramente o novo *aparelho* – a interessante *organização estratégica de tecnologias*, de música, química e computadores – como uma estrutura definitiva, que veio para ficar, a ser usada e explorada nas práticas humanas em todos os campos da cultura. Estaríamos então mais ou menos naquela posição, destacada por Benjamin no discurso do físico Arago sobre a invenção da fotografia por Daguerre: "quando os inventores de um novo instrumento o aplicam à observação da natureza, o que eles esperavam da descoberta é sempre uma pequena fração das descobertas sucessivas, em cuja origem está o instrumento".[39] Para este modo de ver as coisas, o *aparelho tecno* ainda mal começara a sua exploração da realidade física e moral humana.

A pletora social representada por "clubbers, empresários, viajantes, hippies, criminosos e músicos" é a tentativa que indicamos anteriormente de criar no espaço da pista e da festa um correlato pacificado do mundo, que uniria pessoas e posições tão díspares quanto de fato são estas, sob o espírito redimido, suavizado, que seria enfim o da sociabilidade extática da noite, em uma possível solução drogada para a política. Tal ilusão seria o fundamento não escrito, fundamentalmente prático, de uma *república pop universal*. E a sua inclusividade indiscriminada, universal, é o signo da inclusão geral na ordem do mercado, a mesma inclusão imaginária celebrada todo dia pela indústria da propaganda, do fato simples de que, a partir dos anos 1990, quem não responder à subjetivação, e não habitar algum lugar, *de mercado*, simplesmente *não existe*. A festa geral da noite extática foi a festa da celebração da única universalidade então concebível, que somos todos objetos e incluídos na celebração universal das mercadorias, o verdadeiro sujeito do tempo...

De todo modo, não há dúvida alguma de que deve ser muito bom participarmos de uma noite de carnaval que *aparece* para seus foliões modernos como "uma noite em que uma república dos desejos gratificados foi realizada"; como também não há dúvida de que estes jovens festivos são *melhores* do que os velhos senhores da guerra e da exploração da política global. Sem dúvida há uma profunda verdade neste *conteúdo de sonho*, e todos deveríamos manter contato com ela. O que não nos impede de perguntar por que os ideais coletivos e libertários, próprios da cultura jovem dos anos 1960 e 1970, foram privatizados na forma da festa particular e do consumo da pletora de mercadorias ofertadas pela indústria da diversão. Além disto, o texto nos dá a impressão de dizer que é o gesto de alienação, ou de experiência, psicodélica que devolve o sujeito político a ele mesmo, em sua "missão de se reapropriar da consciência": a experiência orgiástica amorosa como modo de repor o valor vivo do pensamento que a ordem totalitária da vida sobre o mercado só faz perder.

Como sempre são muitas as contradições e paradoxos de uma matéria como esta, que caminha mesmo sobre o sonho e a ilusão como modo próprio de fazer política.

Todavia, como todos os iniciados sabem, a época das experiências psicodélicas libertárias, eróticas, amorosas e coletivas, próprias da soma do ecstasy e da house music, passou de modo indelével, como a década de 1990 acabou. O tempo da tentativa de congregar em um vértice geral afetivo e estético uma juventude desarticulada ante o fim do estado de bem-estar social europeu e pela radicalização do individualismo de mercado, sonhando com uma identidade amorosa livre diante do mundo nada livre do neoliberalismo confirmado, o *projeto político festivo e coletivo do sujeito do ecstasy*, simplesmente se dissolveu na simbólica mais concreta e poderosa da sociedade de mercado total. Como se sabe o momento atual da noite é o da retomada do espaço da drogadição necessária ao sistema pela velha cocaína, narcísica, arrogante, individual e produtiva, em um certo mundo da produção de excedente sempre apropriado de algum modo privado.

Como tudo, a coisa evoluiu rapidamente, para trás. Hoje, pelo menos em uma cidade como São Paulo, a cocaína é o ponto de fuga da vida drogada de jovens e adolescentes. É a ampla cultura do *padê*, que tomou, com seu realismo egoísta, novamente o lugar do ecstasy. O *padê*, este eufemismo bem brasileiro – e aqui eu quase disse "brasileirinho", na linha dos diminutivos afetivos que aproximavam os "santinhos" e as "sinhazinhas" da pessoalidade e do mundo da casa-grande, como Sérgio Buarque de Holanda anotou com precisão, este modo carinhoso de corresponder a cocaína com o psiquismo ainda infantil que brinca com ela –, faz referência à primeira oferenda de um trabalho de candomblé, que deve ser feita sempre a Exu. No nosso mundo de normalização absoluta do lugar de toda droga, exatamente como acontece em alguma canção de Amy Winehouse, o *padê*, esta palavrinha utilizada como jogo de cena lúdico, como o antigo *beck* dos maconheiros, ocupa o lugar do que um dia já foi a cocaína, o pó, a farinha, e que nas ruas, para um público mais desencantado sobre o seu destino na sociedade de mercado total, aparece em sua face mais concreta como a *rata*... O padê, significante que tornou, para meninos e meninas de dezesseis anos que hoje fazem parte da cultura da boate, normal e comemorado, uma *festinha*, aquilo que nos anos 1970 e 1980 era ainda coisa de adultos, a noitada sem fim de pó, mais-valia do prazer, egoísmo, e, em algum momento, alguma maldade.[40]

Assim um último giro do parafuso do desencantamento do mundo completou seu movimento, em falso, refinando a vida do absurdo e da violência. Exatamente ali onde, sempre o sonhamos, deveríamos ter conquistado ao sonho algum grau na escala sem orientação de *Eros e civilização*.

Notas

Introdução
O que sim e o que não

1 Luc Boltanski e Eve Chiapello, *The New Spirit of Capitalism*. Londres: Verso, 2005.

2 O trabalho mais significativo que pude contatar, que apresenta muitas dimensões humanas e políticas do encontro de uma congregação no vazio e da demanda política por nada no mundo da festa tecno, é *Multiple Meaning, Techno, An Artistic and Political Laboratory of the Present*, do filósofo e crítico de arte francês Michel Gaillot. Um trabalho teórico positivo sobre a natureza da contracultura tecno, bem diferente do que apresento aqui, pode ser encontrado nos capítulos "That Which does not Kills me Make me Hipper: The Hedonist / Nihilist Countercultures of the 1970's" e "Global. Digital. Doomed? Counterculture Leans into the Future", em *Counterculture Through the Ages*, de Ken Goffman e Dan Joy. Outro tipo de reflexão bem mais comum, quase própria à ordem deste mundo, são os trabalhos de história social da cultura e da vida tecno de caráter jornalístico, onde se pode aprender muito dos acontecimentos históricos, estéticos e psicodélicos do movimento. São livros como *Altered State: The Story of Ecstasy Culture and Acid House*, de Mathew Collin e John Godfrey, ou *Last Night a DJ Saved My Life: The History of the Disc Jockey*, de Bill Brewster e Frank Broughton, ou ainda *Energy Flash: A Journey Through Rave Culture and Dance Culture*, de Simon Reynolds (v. bibliografia). Nesse registro, no Brasil temos o ótimo relato, curiosamente situado entre o infantil, o underground e o espetacular, da noite ilustrada eletrônica local de Erika Palomino, em *Babado forte*. O livro, mais amplo, de Michel Mafessoli, *L'Ombre de Dionysos, contribuition à une sociologie de l'orgie*, de modo muito geral tem algo a ver com este trabalho, embora a sua orientação teórica seja totalmente diversa da minha. E também o trabalho mais amplo ainda, em sua vertente de crítica cultural de origem bakhtiniana, de Peter Stalybrass e Allon White, o já clássico *The Politics and Poetics of Transgression*, que rastreia na história da modernidade a função, o lugar público e a produção social dialética do campo da transgressão. Um trabalho clássico sobre a sociologia do lazer e da diversão é *Vers une Civilization du loisir*, de Joffre Dumazedier [*Lazer e cultura popular*], que revela os critérios ainda modernos para a avaliação da cultura da diversão e a tomada do espaço social pelas práticas do lazer, dos quais o nosso objeto já está bastante diferenciado. Por outro lado, creio que a verdadeira teorização de fundo do movimento, envolvendo hedonismo, aparência, absurdo e espontaneísmo, pode ser encontrada no anarquismo ontológico de um Hakim Bey, misto de teorização estética e mística, radicalmente antiburguesa, e de manual geral de autoajuda para as massas.

3 As duas citações são de Maurice Merleau-Ponty, *As aventuras da dialética*, p. 4.

1

Faster, faster, pussycat, kill, kill, kill!

1 "Aldous Huxley levantou em um de seus ensaios a seguinte pergunta: quem ainda se diverte hoje num lugar de diversão? Com o mesmo direito poder-se-ia perguntar: para quem a música de entretenimento serve ainda como entretenimento? Ao invés de entreter, parece que tal música contribui ainda mais para o emudecimento dos homens, para a morte da linguagem como expressão, para a incapacidade de comunicação. A música de entretenimento preenche os vazios do silêncio que se instalam entre as pessoas deformadas pelo medo, pelo cansaço e pela docilidade de escravos sem exigências. Assume ela em toda parte, e sem que se perceba, o trágico papel que lhe competia ao tempo e na situação do cinema mudo. A música de entretenimento serve ainda – e apenas – como fundo." Theodor Adorno, "O fetichismo na música e a regressão da audição" p. 67. Tal passagem serviria mesmo como uma crítica quase objetiva a *Corra, Lola, corra* – filme berlinense realizado 35 anos após Adorno escrever estas linhas –, com uma única objeção a fazer: a música tecno passou ao primeiro plano da ação humana, é a experiência humana, agora, que é uma sombra da música, que é a personagem real na cultura. A mercadoria – aqui estudada na forma de música – ganha tal vida na era do domínio tecnológico do humano que se apresenta sempre à frente das possibilidades humanas, e o todo deforma definitivamente a experiência singular, marcada agora em seu próprio ritmo de existência pelo que é desumano.

2 Escrito e dirigido por Tom Tykwer, em 1998.

3 Ver a respeito da relação profunda – de fundo e forma, continente e conteúdo – entre a ideia de vazio e a música tecno, a declaração de Derrick May, um dos criadores do tecno de Detroit no início dos anos 1980, matriz de inúmeros subgêneros da música eletrônica de dança: "É o vazio na cidade que preenche a música. É como um cego – cheira, toca e sente coisas de maneira que quem enxerga nunca faz. Acredito que muitos de nós em Detroit estávamos cegados pelo que havia em nosso redor. Foi como se pegássemos os outros sentidos e os tornássemos mais fortes. Foi assim que nossa música se desenvolveu". Declaração a Simon Reynolds, em *Energy Flash*.

4 Milton Santos pensou a qualidade do espaço humano redescrito pela globalização de mercados e a sua aceleração radical do tempo humano: "Na medida em que as grandes empresas transnacionais ganharam dimensões planetárias, a tecnologia se tornou o credo generalizado, assim como a velocidade. [...] Ser atual ou eficaz, dentro dos parâmetros reinantes, conduz a considerar a velocidade como uma necessidade e a pressa como uma virtude. Quanto aos demais não incluídos é como se apenas

fossem arrastados a participar incompletamente da produção da história. [...] Esta velocidade exacerbada, própria a uma minoria, não tem e nem busca sentido. Serve à competitividade desabrida, coisa que ninguém sabe para o que realmente serve, do ponto de vista moral ou social." "Elogio da Lentidão", *Folha de S.Paulo*, Mais!, 11/3/2001. O geógrafo brasileiro propõe uma reapropriação dos territórios pelos usos tradicionais das comunidades humanas que permita o direito político, e humano, à lentidão. A psicanálise atual faz eco a tal elogio do tempo reapropriado pelo humano; muito diferente da época de Freud, em que as pobres histéricas iam todos os dias, a pé ou de carruagem, à casa do dr. Freud, e esta relação continuada servia profundamente aos males de amor daquelas moças, nossos pacientes de hoje tem que atravessar massas de trânsito e de captura no tempo do compromisso e da velocidade para poder parar duas ou, às vezes, uma hora por semana. Neste mundo a psicanálise é importante em si mesma, por permitir parar, e sair do tempo da velocidade: o tempo, por vezes longo, da falta de sentido, que Winnicott convidava os analistas a habitar, é o tempo da fruição e recriação do próprio tempo subjetivo, sem causa e efeito, sem necessidade prévia ou captura social. A psicanálise contemporânea é instrumento desta reapropriação do território temporal humano, enquanto nossos pacientes, diferentemente dos de Freud, estão doentes do tempo veloz e abstrato que pressiona a todos, faz capturas imaginárias singulares em cada um, mas não se faz humano em ninguém.

5 Dziga Vertov, *Três cantos para Lênin*, 1934.

6 Slavoj Zizek fala de "possibilidades perdidas da vida" – como uma nova dimensão da perda humana, a respeito de *Corra, Lola, corra* –, cuja substância fantasmática totalizante se contraporia à não menos fantasmática e inacabada matéria da vida real. Em *Acheronta*, n. 12, dez. 2000, www.acheronta.org.

7 "O organismo pretende morrer apenas ao seu próprio modo", diz Freud em *Além do princípio do prazer* (In *Obras completas*, v. 14, p. 206). Já Winnicott, ao fim da vida, em sua autobiografia inacabada, propõe a seguinte prece: "Oh, Deus! Possa eu estar vivo quando morrer". Para o analista inglês a morte é experiência da vida, que ainda vive no poder morrer. A vida qualifica a morte e a morte dá sentido à vida. Ver D. W. Winnicott, *Explorações psicanalíticas*, p. 3.

8 Uma série de televisão espantosa como *Six Feet Under*, criada por Alan Ball, tenta de fato, e se utilizando da raiz da verdade aberta ao que é vivo e ao mortal da psicanálise, dar conta do desafio de simbolizar o limite da morte em nosso tempo.

9 Pier Paolo Pasolini, "De um fascismo ao outro", in *As últimas palavras do herege. Entrevistas com Jean Duflot*. Id., "No caminho do genocídio", in *Diálogo com Pier Paolo Pasolini, escritos (1957-1984)*. O estudo político e econômico do lastro pesado da nova direita americana pós-Reagan, de Bertram Gross em seu *Friendly Fascism: The New Face of Power in America*, também importa muito aqui, pois aponta o fundamento histórico e econômico original da cultura do fascismo de consumo, que como veremos tem correspondência subterrânea com o objeto mais amplo deste estudo.

10 "É preciso dizer, no entanto, que em raras ocasiões podemos notar somente os efeitos da compulsão à repetição, sem o concurso de outros motivos." S. Freud, op. cit., p. 183.

11 Como já foi indicado, este mínimo texto, muito condensado em seu plano de imagem dialética, foi escrito originalmente no ano de 2001 ("Morra, Lola, morra", *Folha de S.Paulo*, Mais!, 1/6/2001). Mais recentemente, o importante trabalho de minha colega Maria Rita Kehl, *O tempo e o cão*, desenvolveu, de modo próprio e independente, muitos dos pontos aqui indicados, e aqui sonhados. Eu mesmo continuei tal universo de problematizações na direção, ainda diferente da de Kehl, que os próximos dois trabalhos realizam.

2
Night and day. Let's face the music and dance

1 Podemos datar, em uma marca provável, o momento em que a música tecno se concebeu como a música ambiente total, força estetizante maior do mundo vazio de espírito, mas rico de objetos e design, do capitalismo avançado: com o disco *Autobahn*, de 1973, os alemães do Kraftwerk propunham o som técnico como o espaço tempo de fundo da própria ordem do mundo, condensado no símbolo da autoestrada, simultaneamente estetizando, tornando passível de fruição e naturalizando definitivamente a segunda natureza própria à ordem pós-industrial. No Brasil a emergência tardia do tecno foi saudada como um gesto de inserção do país e de sua cultura no universal, ou seja, o prazer de dissolver a posição periférica em uma atualidade globalizada; ver "Brasil se universaliza ao aderir ao techno", texto de Pedro Alexandre Sanches para a *Folha de S.Paulo*, recuperado no livro de estilo e manifesto da cultura tecno local *Babado forte*, de Erika Palomino, op. cit., p. 127.

2 O hedonismo como prática política de existência sempre concebeu um campo absolutamente exterior como lugar negativo de retorno do sentido à vida humana: "No Filebo, só permanece finalmente como prazer verdadeiro, sem mistura, o prazer das linhas, sons e cores 'belos em si mesmos', ou seja, uma fruição separada de todo desejo doloroso e limitada a objetos sem vida – uma fruição que, evidentemente, é vazia demais para poder constituir a felicidade. A designação das coisas sem vida como objeto do prazer puro mostra claramente que, na forma dada das condições de existência, o verdadeiro prazer está separado, não só da alma (que como lugar de desejo e dos anseios é também necessariamente fonte do desprazer), mas também de todas as relações pessoais essenciais. O prazer sem mistura encontra-se nas coisas mais afastadas do processo de vida social. A receptividade do abandono sincero ao objeto de fruição (que Platão considera como pré-requisito do prazer) só existe na completa exterioridade, na qual silenciam todas as relações essenciais entre os homens. A felicidade encontra-se, assim, situada no polo oposto da interiorização e da interioridade". Herbert Marcuse, "Para a crítica do hedonismo", in *Cultura e sociedade*, v. 1, p. 174. Como veremos, há muito mais ligação com o mundo no hedonismo contemporâneo, mundano e interessado, do que esperança de qualquer negatividade radical, mesmo que vazia.

3 "A crise [sexual do pós-guerra] foi – e ainda é – posta em termos mais violentos no que diz respeito a todos os extratos da população, e entrou em conflito com as necessidades dos novos métodos de trabalho que se impuseram: o taylorismo e a racionalização em geral. Esses novos métodos demandam uma rígida disciplina dos instintos sexuais (do sistema nervoso), um reforço da família em sentido amplo e não desta ou daquela forma do sistema familiar, da regulamentação e estabilidade das relações sexuais. Cabe insistir que, no campo sexual, o fator ideológico mais depravante e regressivo é a concessão iluminista e libertária, própria às classes que não estão ligadas diretamente ao trabalho produtivo, pelas quais as classes trabalhadoras se deixam contaminar. Esse elemento se torna tanto mais grave se em um Estado as massas trabalhadoras não suportarem mais a pressão coercitiva de uma classe superior, se os novos hábitos e atitudes psicofísicos, conectados aos novos métodos de produção e de trabalho, forem conquistados por meio da persuasão recíproca ou pela convicção individual. Assim é possível que se crie uma dupla situação, um conflito íntimo entre a ideologia verbal, que reconhece as novas necessidades, e a prática real animalesca, que impede aos corpos físicos a efetiva conquista das novas atitudes. Forma-se neste caso aquilo que se poderia chamar de hipocrisia social totalitária." Antonio Gramsci, *Americanismo e fordismo*, pp. 66-67. Gramsci foi o primeiro a reconhecer, no campo da crítica, a articulação dialética entre a ordem de produção de um tempo e os desenhos sociais propostos à sexualidade humana, intuição que seria enormemente desenvolvida alguns anos depois por outra tradição marxista, a de Adorno e Marcuse.

4 "No passado, a festa cerimonial colocava-se como uma completa ruptura da vida comum, monótona e miserável. [...] Até o fim do século XVI, os próprios prelados toleravam que as orgias anuais da Festa dos Loucos, entre o Natal e o Dia de Reis, acontecessem no interior das igrejas. [...]

Nos dias de festa os fiéis entregavam-se a todas as espécies de atos considerados como pecados mortais, na vida comum. Ora, hoje, até nas classes menos favorecidas as atividades de lazer são praticadas todas as noites, num estádio, num cinema ou ouvindo rádio. A festa diluiu-se na vida cotidiana, e por isso perdeu o seu caráter explosivo e mesmo catártico." J. Dumazedier, op. cit. p. 76.

5 A tendência à festa infinita, que deve sobrepor o dia e a noite durante o maior tempo possível, é uma constante na cultura tecno de exploração hedonista da vida e do corpo. Erika Palomino explica o modo brasileiro da coisa: "Quando o ecstasy e as raves passaram a deixar as pessoas acordadas até o meio-dia, apareceram em Londres os primeiros chill-outs, em meados dos anos 80. Clubbers sentiam necessidade de continuar juntos, relaxar e esperar passar o finalzinho do efeito das drogas (o chamado comedown). Já os breakfast clubs, com DJs e música, começaram a surgir no início dos anos 90. [...] Em São Paulo, os chill-outs acontecem, quase em sua totalidade em caráter doméstico. Eles têm início em 1994/95, um pouco depois da abertura do Hell's. [...] Todo mundo saía e ficava na porta, com óculos de sol, ao meio-dia, sentado na calçada ou na barraquinha de cachorro-quente. Até que começaram a surgir os chill-outs. No início era uma coisa superfechada, meio escondida. [...] Era aquela vontade de continuar junto e não querer que a diversão acabasse, apesar de a noite já não ser mais noite. Então alguém chamava para sua casa, iam geralmente os amigos. [...] E rolava até umas sete ou oito horas da noite de domingo. Depois, os chill-outs viraram 'festa'. Tinha domingo que acontecia cinco chill-outs, você podia escolher para qual iria. E a gente costumava dar uma passada em todos. Naquele início até mesmo isso atende a critérios políticos. O chill-out mais importante sempre é aquele com algum DJ – de preferência, portanto, na casa de alguém com picapes profissionais. [...] Nos chill-outs tomam-se sucos e bebidas leves. Raramente se come; no máximo frutas ou sanduíches. Os mais próximos do dono da casa tomam banho. [...] Em muitos chill-outs, em vez de relaxar, as pessoas começam a tomar drogas de novo. Fica-se até tarde, até a hora de ir embora para suas casas ou seguir novamente para outro clube". E. Palomino, op. cit., pp. 103-04.

6 Esta ordenação das coisas no mundo da diversão tem uma história própria: "Antes dos anos 80 os clubes ou as discotecas ofertavam a princípio a música e os músicos. Neles se descobria uma moda, um corte de cabelos à la Beatles como no Cavern de Liverpool nos anos 60 ou no CBGB no Bowery de Nova Yorque em 1975/76, e daí partiu a new wave. Não longe de lá, no Max's Kansas City, onde Warhol e o Velvet Underground tiveram seus aficcionados, a moda e o look eram mais arrogantes, mas aí se entrava e aí se vivia, sem dormir e sem porteiros [*doormen*]. Era necessário saber desfilar e flutuar, atravessar a massa entre as mesas como na Coupole nos anos 1975/80, em Paris. Via-se tentando ser visto por aqueles que tinham sua mesa, pois só o seu olhar julgava, e ele era reenviado de modo que se fizesse ser visto". Jean Françoise Bizot, "Voir et Être Vu: la Invention", in *New Wave*, p. 72.

7 Esta universalização de um gozo conservador é a resposta contemporânea, com a tendência geral à mercantilização de todo o espírito e de todo corpo, para o problema da cisão entre prazer e verdade – que Marcuse estudou em profundidade mais de uma vez – na ordem quase impensável da sociedade global de classes. Durante muito tempo a moralização do prazer foi a resposta social tradicional a esta clivagem. No capitalismo atual, de autocelebração e exclusão programática concomitantes, a universalização alucinatória e conservadora do gozo é a resposta preferida para a valorização liminar do capital, em sua crise contemporânea. Lembrando o problema nos velhos tempos modernos: "A moralização do prazer é imposta pela sociedade antagônica. É a forma histórica sob a qual essa sociedade conciliou a satisfação das necessidades e dos impulsos particulares com o interesse geral. Tratamos em outro lugar da função progressista dessa solução para o desenvolvimento do processo social de trabalho. O protesto hedonista do indivíduo isolado em seu interesse particular é amoral. O comportamento amoral, o estar além do bem e do mal, só pode ser progressista no interior de uma práxis histórica que realmente conduza para além da forma já atingida nesse processo e que lute por uma nova e verdadeira universalidade, contra a universalidade existente. [...] A rebelião amoral, contudo, detém-se precisamente frente a esta esfera decisiva. No interior da ordem estabelecida quer escapar-lhe. Não mais que se desviando das contradições desta última, a rebelião amoral permanece realmente além do bem e do mal: escapa também àquela moral que vincula a ordem estabelecida com uma ordem mais racional e feliz." H. Marcuse, op. cit, p. 177.

8 W. Benjamin, "Franz Kafka: a propósito do décimo aniversário de sua morte", op. cit., p. 150.

9 "Uma das funções mais significativas desse teatro ao ar livre é a dissolução do acontecimento no gesto." W. Benjamin, op. cit., p. 146.

10 Podemos lembrar aqui a recomendação crítica, que já é uma posição teórica, de T. J. Clark: "É preciso dessacralizar o conceito de espetáculo. É preciso aplicá-lo localmente e de modo conjuntural, fazê-lo sujar as mãos com os detalhes específicos da política e apeá-lo de sua posição de explicação teórica de todas as coisas. É preciso pensar na ideia de que o espetáculo tem uma história em curso e não é automaticamente capaz de assimilar cada evento desestabilizador"; ou: "Não se deve concluir apressadamente que 'materialidade' é sinônimo de capitalismo e que espetáculo corresponde a um mundo-imagem descarnado, ou a um domínio de representações (impalpáveis) internalizadas. O espetáculo é um exercício de poder social. Violenta os atores tanto quanto a disciplina da linha de produção. O espetáculo provém do cano de uma arma de fogo." T. J. Clark, "O estado do espetáculo", in Sônia Salzstein (org.). *Modernismos*, trad. pp. 311-12.

11 "Simples indivíduos efêmeros consumindo a si mesmos para nada", é a profética expressão do jovem Marx a respeito desta dimensão da vida na ordem capitalista. (Ver a respeito o comentário de Paulo Arantes em "Sofística da assimilação", de onde tiro a citação, em *Zero à esquerda*. p. 201.) Ou, ainda, "as transações tomam o lugar das relações" nos termos de George Soros sobre o mundo da globalização capitalista, correspondente a esta cultura. Citado por Richard Sennet, *The Culture of the New Capitalism*.

12 "[...] Os muito novos e os muito velhos têm memória fraca; eles estão no estado de fluxo: o jovem devido ao seu crescimento, o idoso devido à sua decadência. Pelo mesmo motivo, nem o muito veloz, nem o muito vagaroso parece ter boa memória, os primeiros são mais úmidos do que deveriam ser e os últimos mais duros; nos primeiros a imagem não permanece na alma, e nos últimos não deixa nenhuma impressão." Aristóteles, em *De memoria et reminiscentia*, cit. por Márcio Seligmann-Silva. "Ao menos desde Aristóteles reconhece-se que a memória necessita de um tempo mediano (nem lento, nem acelerado demais) para poder se formar. [...] Não tenho dúvida de que nossa era está em 'estado de fluxo' e é marcada pela velocidade da circulação. Paradoxalmente podemos dizer que nossa era une as dificuldades de memorização dos jovens e dos velhos: além de ser muito veloz – ou justamente por causa disto – ela está em constante estado de arruinamento. Tudo que é sólido desmancha no ar – as bases materiais de nossas inscrições mnemônicas já nascem caducas, prontas para serem substituídas por novas bases e suportes. Estes, por sua vez, tendem cada vez mais para o digital, mas nem por isso estão isentos deste movimento de caducidade." Márcio Seligmann-Silva, "Espaço, aceleração e amnésia: a arte como dispositivo de (re)inscrição", in ‹http://forumpermanente.incubadora.fapesp.br›. Apenas para posicionarmos bem as coisas, a velocidade da circulação deve ser de fato a da mercadoria, e não o modo com que ela aparece, o da informação.

13 É interessante a corrente e constante noção de moderno utilizada por estes jovens meio bobos: informação geral da cultura de consumo e das mercadorias técnicas; livre consumo, se possível de luxo, como correlato de livre pensamento;

liberdade sexual, com sexualidade pouco desenvolvida; e, principalmente, ampla liberdade de drogadição. A antiga autonomia racional e livre do sujeito moderno foi articulada à necessidade de espetáculo e de pagar tributo à ordem geral do mundo do mercado e a seu feitiço, ordem evidentemente nada emancipada. Embora não consigam bem dizer é isto o que se chama frequentemente de moderno. Os americanos, com sua mania classificatória para fins de orientação publicitária das mercadorias, chamaram de trend essa posição no sentido das coisas.

14 Vista a certa distância, a situação marcusiana parece ser um limite histórico do que vivemos hoje: uma época que realiza os conteúdos propostos pelo filósofo ao contrário do seu espírito: "[...] O tempo livre está potencialmente disponível para o prazer. Mas o princípio de prazer que governa o id é 'intemporal' também no sentido que milita contra o desmembramento temporal do prazer, contra a distribuição em pequenas doses separadas. Uma sociedade governada pelo princípio do desempenho deve necessariamente impor tal distribuição, visto que o organismo tem de ser treinado para a sua alienação em suas próprias raízes: o ego-prazer. Deve aprender a esquecer a reivindicação de gratificação intemporal e inútil, de 'eternidade do prazer'. Além disso, a partir do dia de trabalho a alienação e a arregimentação se alastram para o tempo livre. Tal coordenação não tem por que ser, e normalmente não é, imposta desde fora, pelas agências da sociedade. O controle básico do tempo de ócio é realizado pela própria duração do tempo de trabalho, pela rotina fatigante e mecânica do trabalho alienado, o que requer que o lazer seja um relaxamento passivo e uma recuperação de energias para o trabalho. Só quando se atingiu o mais recente estágio da civilização industrial, quando o crescimento de produtividade ameaça superar os limites fixados pela dominação repressiva, a técnica de manipulação das massas criou então uma indústria de entretenimentos, a qual controla diretamente o tempo de lazer, ou o Estado chamou a si diretamente a execução de tal controle. Não se pode deixar o indivíduo sozinho, entregue a si próprio". H. Marcuse, *Eros and Civilization*, pp. 47-48.

15 "Boates, clubes, casas noturnas, inferninhos, cada época teve os seus. A Louca é a da hora. Uma arqueologia do insubsistente levantaria por um momento das cinzas de São Paulo os nomes de Massivo, Sra. Kravitz, Madame Satã, Radar Tantan, Cave, e assim por diante, até os longes esquecidos do tempo. Tudo desfeito em fumaça, e o olhar distante sabe que essa foi sempre a sua verdadeira natureza: fumaça, nada mais que fumaça, ainda menos que pó (sem trocadilho)." José Antonio Pasta Jr., "Literatura em *trance*", in Del Candeias, *A Louca*. São Paulo: Dix, 2007, p. 11. Ver, mais de perto, a mutação das boates e dos clubes de São

Paulo e do Rio de Janeiro na década de 1990 em E. Palomino, *Babado forte*, op. cit. E também, em sugestivo contraste, o relato do mundo brasileiro popular e meio acafajestado, nelsonrodrigueano, das boates e dos inferninhos de Copacabana, a Katacombe, a Rio Jerez, a Sótão, dos anos de 1960 e 1970 em *Ô, Copacabana!* de João Antônio.

16 Clement Greenberg, "A difícil situação da cultura", in *Arte e cultura: ensaios críticos*, p. 49. Uma formulação diferente, e bastante mais positiva, sobre a relação de cultura e lazer é a de Dumazedier: "O homem do lazer tem e terá cada vez mais tempo livre, como o tinha o humanista dos séculos XVI e XVII. No entanto como este homem pertence à massa da população ativa, continua e talvez continue a valorizar a atividade, manual, física e intelectual, fazendo com que ela seja a base de uma cultura viva. Ainda, em lugar de valorizar somente as atividades de trabalho, talvez chegue a considerar as atividades de lazer como elementos mediadores entre a cultura geral e o conjunto das atividades. Aqui nos deparamos com um passo deveras importante, por serem estas atividades de lazer que correspondem àquele tempo necessário ao processamento da descoberta, da aquisição e da criação livres. Pode ser que as relações com a cultura do corpo e a do espírito, o compromisso e o desinteresse, a seriedade e a atividade lúdica mudem profundamente naquilo que virá a ser a cultura vivida pelas massas, numa civilização cada vez mais marcada pelo lazer. Seguir o caminho desta nova cultura – mais corporificada do que uma cultura clássica, mais desinteressada do que uma cultura 'politécnica', mais complexa do que uma cultura militante – isto é, de uma cultura ligada diretamente às atitudes ativas do Homem do lazer, nas suas relações com o problema do turismo, do esporte, da televisão, das leituras recreativas e dos agrupamentos sociais voluntários, parece-nos constituir um dos mais importantes objetivos, tanto para os humanistas quanto para os sociólogos de nossa cultura contemporânea", em J. Dumazedier, op. cit., p. 266. Evidentemente, o otimismo de tal avaliação não corresponde ao estágio avançado de crise da relação entre trabalho e a cultura da diversão conspícua espetacular contemporânea, bastante mais envenenada em sua ordem de alienação do que o funcionalismo liberal do sociólogo da década de 1970 permite conceber.

17 "Com o trabalho tornando-se mais uma vez universal não se tornará necessário – e porque necessário, possível – corrigir o divórcio entre o trabalho e a cultura, ou ainda entre finalidades interessadas e desinteressadas, que começou quando o trabalho perdeu pela primeira vez o seu caráter universal?" C. Greenberg, op. cit., p. 50.

18 É evidente que, atento ao desenvolvimento das forças simbólicas, da vida e da política do fetiche, Jean Baudrillard antecipou muito rigorosamente um estado de coisas que a esquerda tradicional, voltada apenas para a crítica do espaço da produção, levaria ainda um tempo para se dar conta inteiramente: "Como geralmente se imagina (eis a razão porque a 'ciência econômica' sente repugnância em mencioná-lo) o consumo não constitui um setor marginal de indeterminação onde o indivíduo, aliás coagido de todos os lados por regras sociais, recuperaria, finalmente, na esfera 'privada' e entregue a si mesmo, uma margem de liberdade e de divertimento pessoal. O consumo surge como conduta ativa e coletiva, como coação e moral, como instituição. Compõe todo um sistema de valores, com tudo o que este termo implica enquanto função de integração do grupo e de controle social." J. Baudrillard, *A sociedade de consumo*, pp. 94-95.

19 Com a exceção da percepção aguda notável de Roberto Schwarz a respeito da produção estética e da ambiguidade política de artistas que visavam diretamente ao mercado e à mercantilização de sua obra e seu trabalho, em "Nota sobre vanguarda e conformismo", já em 1967. Todavia, em seu célebre trabalho "Cultura e política, 1964-1969" as notas a respeito das tensões do isolamento crítico, mas culturalmente hegemônico, da esquerda em relação à tomada total do poder pelas armas pela direita em 1964, e no regolpe de 1968, não pareciam indicar a acelerada falência do espaço da cultura e da crítica a partir da década de 1970 pelo simples e próprio desenvolvimento do universo fetichista e espetacular ligado à expansão da mercantilização da vida no Brasil. Os dois trabalhos se contradizem e estão em *O pai de família e outros ensaios*.

20 Logo no início de Cremaster I podemos verificar a sinergia indistinta de forma, mercadoria, corpo e espírito, no fluxo sem fim da imagem superfície, dimensões que são todas complementares e se constituem em correspondência quase indiscriminada: a alusão ao ato sexual entre um balão da Goodyear e um útero com ovários, mas sem corpo, que origina uma nova aeromoça modelo pop. Neste mundo é a própria mercadoria quem dá à luz o mundo imagem que a sustenta, engendrando um corpo que já é a luz cegante do próprio fetiche. Rodrigo Naves colocou questões significativas sobre a obra do artista americano: "A ênfase no mundo como imagem pode conduzir a alguma síntese complexa e dinâmica, como a proporcionada pelo cubismo e seus desdobramentos? A própria escolha do cinema como meio dominante (embora não exclusivo) não rebaixa a diferença entre os elementos? O impressionismo comprovou que a realidade podia ao mesmo tempo ser superfície e emancipação – a estética pop saberia sustentar esta tensão? Para que ainda falar em espelhos, se o que estiver em causa for uma espécie de cegueira universal – um mundo tão sem mediações que cá e lá aparecem como lendas remotas?". Todas estas questões dizem respeito diretamente ao mundo em ação e à superfície pop a que me dedico neste trabalho. O crítico brasileiro também afirma uma diferenciação de vértice de existência entre ele próprio e o que lhe parece ser o sentido de uma obra de Barney: "Eu da minha parte prefiro continuar a ser o que sou – seja lá o que isso signifique – a transformar-me em energia mutante e encher pneumáticos místicos". Este contraste entre o eu sou de Rodrigo Naves e a energia mutante do mundo do espetáculo interiorizado é a tensão política inevitável que este trabalho representa ante seu objeto, um mundo de corpo e espírito próximo da mutabilidade mistificada do artista americano. Ver Rodrigo Naves, "Matthew Barney: pop, escatológico", in *O vento e o moinho*, p. 392. T.J. Clark, "O estado do espetáculo", op. cit., teoriza com grande acuidade sobre esta tensão de um mundo liberto a todas as potências do informe, e as tensões de corpo, tempo, existência e espaço que apontam para o limite histórico deste próprio mundo. Sônia Salzstein rastreia tal movimento pela perspectiva da fusão indeterminada de arte e cultura, no registro de um novo pop, ainda mais mundanizado e confundido com o próprio movimento das coisas do mundo, e sua nova operação de mercado, e sua nova ordem de acumulação, a partir da década de 1980. Ver "Cultura pop", *Novos Estudos/Cebrap*, n. 76, nov. 2006, p. 251.

21 Rodrigo Naves revela muito bem a situação da forma e sua contradição contemporânea, ao definir o trabalho de Amílcar de Castro: "Em suas esculturas, convivem formas altamente determinadas e uma presença acintosa do material que elas buscam ordenar. Desse confronto, dessa resistência do ferro ao rigor formal, surgem estruturas poderosas, mas que retiram sua força de uma indefinição radical, e não de uma conformação violenta da matéria. Numa época em que a vertiginosa dinâmica dos mercados financeiros e da produção e circulação de bens parece facilitar a ideia de um mundo volátil e virtual – quase um simples correlato das imagens produzidas pela mídia eletrônica –, essa forma difícil adquire relevância. Por ela, experimentamos uma realidade travada, muito mais próximo das crises e impasses desencadeados pelo desenvolvimento tecnológico do que da maleabilidade que ele introduz em seu manejo da natureza e demais processos." Rodrigo Naves, *A forma difícil*, p. 34.

22 Note-se neste ponto a forte ordem da ilusão própria ao bom liberal: "Entretanto descobrimos que o industrialismo está produzindo um estado de coisas no qual, mais uma vez, todos trabalharão". C. Greenberg, op. cit., p. 50. A ordem de cinismo contemporânea também não hesita em dar de barato o sacrifício do mundo do trabalho, da sua degradação e submissão alienada completa ao poder particular radical do capital, como um ganho e uma liberdade ante as violências metafísicas do passado: "O festivo nasce, pode-se dizer, do sacrifício da ordem e da utilidade. Ele existe somente ao ultrapassar estas dimensões, ao remover os fundamentos comuns nos quais elas se baseiam e organizam a sua existência. O que emerge em seu lugar é uma relação na qual seres humanos não necessitam de verdade ou autoridade de nenhuma ordem para compreender um ao outro e para estarem juntos. Isso implica que uma existência mantida nos limites do social e no imperativo da vida diária (trabalho, consumo) pode ser esvaziada de todo sentido ou satisfação se ela não for capaz de temporariamente exceder estes limites, particularmente através de práticas festivas. Aí reside o polarizador e contagiante poder do tecno. É isto que o torna tão popular hoje, dando a ele a mesma capacidade que o festivo tem de partilhar a existência intensamente. Neste sentido, quando estamos envolvidos e engajados no tecno, nós tocamos a cada um com nada, isto porque nós não temos 'nada', nenhum significado, nenhuma mensagem para comunicar ou mandar, e é isto que nos possibilita tocar a cada outro". Michel Gaillot et al., *Multiple Meaning, Techno, An Artistic and Political Laboratory of the Present*, p. 19. Do meu ponto de vista o "nós não temos nada da metáfora e do real" do crítico de arte positivo quer dizer exatamente "nós não temos nada no mundo social do trabalho".

23 T. J. Clark me parece dos poucos intelectuais de tradição crítica que recentemente formulou dimensões simbólicas próprias ao mundo avançado da totalização da forma mercadoria sobre a vida: "A modernidade, principalmente em sua manifestação como sociedade de consumo, é cada vez menos capaz de oferecer aos seus membros maneiras de viver no presente e de aceitar o fluxo contingente do tempo. A razão disso é que a modernidade aposta tudo na celebração e perpetuação do aqui e agora. Nos últimos tempos, construiu um extraordinário aparato para permitir às pessoas imaginar, arquivar, digitalizar, objetivar e se apossar do momento. Parece que o aqui e agora não é tolerável (ou, no mínimo, não inteiramente real) a não ser que seja narrado ou mostrado, imediata ou continuamente, para os outros – ou para nós mesmos. O telefone celular, o digital replay, a troca instantânea de mensagens por computador, a conexão em tempo real, o vídeo loop. Longe de mim dizer que dar forma visual a uma experiência significa não vivê-la. Depende é claro de que e para que serve a construção da imagem. Existe, no entanto, uma espécie de visualização, que todo mundo percebe por intuição (objeto de duras críticas na linguagem comum), que consiste em sua essência de um mecanismo de defesa – um modo de deliberadamente isolar o momento, distanciar-se do não vivido, do não significativo". T. J. Clark, "O estado do espetáculo", op. cit., pp. 321-22.

24 Joseph Roth, "A indústria da diversão de Berlim", in *Berlim*, p. 148.

25 E o filósofo prossegue, tentando dar conta do paradoxo do conhecedor diante das formas fugidias do meramente vivo na aparência: "Entre todos estes sonhadores também eu, o 'conhecedor', danço minha dança, que o conhecedor é um meio para estirar a dança terrestre no sentido do comprimento, e nessa medida faz parte da ordenação festiva da existência, e que a sublime consequência de todo conhecimento é e será, talvez, o meio supremo de manter em pé a generalidade do sonho e a inteligibilidade total de todos esses sonhadores entre si e, justamente com isso, a duração do sonho." Friedrich Nietzsche, *A gaia ciência*, in *Obras incompletas*, p. 194.

26 "Até o presente, toda crítica era imanente em suas categorias, relacionava-se apenas a conteúdos determinados, e não a formas e modos ontológicos do sistema moderno de produção de mercadorias. Daí a paralisação atual do pensamento teórico e da ação prática. A administração planetária da crise ontológica não pode pôr fim à diluição em barbárie da sociedade mundial definida em termos capitalistas. Ao contrário ela própria se torna parte desta barbárie. Seria necessário uma ruptura ontológica, diante da qual se omite todavia o discurso global, mesmo aquele da esquerda radical. [...] Em todo lugar a mesma crise ontológica paralisa a crítica ainda mais do que antes. A reiteração fantasmagórica de suas concepções cai no vazio porque não é alcançado o nível exigido da crítica categorial e da abrangente ruptura ontológica. As ideologias da modernização decompõem-se e misturam-se umas às outras. Esclarecimento e contraesclarecimento tornam-se idênticos. Hoje existem comunistas antissemitas e liberais racistas, iluministas conservadores, socialistas radicais de mercado e utopistas sexistas e machistas. Os movimentos sociais recentes mostram-se até agora impotentes diante dos problemas da crítica ontológica e da simultaneidade negativa. Apesar de serem distintos os pressupostos herdados do passado, estes problemas podem ser formulados e solucionados apenas por uma sociedade planetária." Robert Kurz, "A ruptura ontológica: antes do início de uma outra história mundial", in Maria Elisa Cevasco e Milton Ohata (orgs.). *Um crítico na periferia do capitalismo: reflexões sobre a obra de Roberto Schwarz*, pp. 155-66.

27 É grande a correspondência do excesso de gozo na superfície imaginária da noite com a cultura da superfície do corpo como única cultura e da experiência repetitiva da superfície da mercadoria e seu consumo como único modo de existir. Este mundo é aquele cujo espírito, ou a falta dele, o historiador americano Kenneth Serbin definiu bem, quando da quebra mundial das bolsas em 2008 : "Confortavelmente posicionados no centro dele [um sistema de múltiplos trilhões de dólares] muitos

americanos pensaram que o crédito fosse ilimitado e abandonaram qualquer senso de responsabilidade pessoal. [...] Em termos morais os norte-americanos substituíram o cristianismo por uma nova religião do sucesso. Essa religião não tem vida após a morte nem consideração pelas gerações futuras, pois seu credo consiste em consumir o máximo possível aqui e agora". Kenneth Serbin, "A era da modéstia", *Folha de S.Paulo*, Mais!, 19/10/2008.

28 Note-se a intuição do escritor sobre o girar em falso da experiência histórica, no coração do seu centro: "Nada está acontecendo". Gay Talese, "A festa acabou", in *Fama e anonimato*, pp. 435-36.

29 "A cultura do consumo tem muitas facetas. Por exemplo, todos estes dispositivos que servem à objetificação do instante são hoje acompanhados pelo reino sempre ampliado da aparência da mercadoria – na publicidade, no design, na performance integral da vida da mercadoria, em comerciais e no mundo da informação-entretenimento –, tudo isso mais e mais voltado para o passado. Antigamente, as mercadorias faziam promessas relacionadas sobretudo com o futuro. Hoje toda uma classe (predominante) de mercadorias existe para inventar uma história, um tempo perdido de intimidade e estabilidade, de que todo mundo afirma lembrar-se, mas que ninguém teve. Um pequeno passo separa esta pseudomemória ubíqua da "nostalgia do presente" – a apresentação estilizada das últimas modas e acessórios como se já possuíssem o glamour do antiquado. E assim por diante. A roda da falsa temporalidade gira cada vez mais rápido." T.J. Clark, "O estado do espetáculo", op. cit., p. 322.

30 O espaço do capital lúdico da noite corresponde à grande dinâmica da corrosão do caráter descrita por Richard Sennet como resultado subjetivante do capitalismo flexível. Sua formulação diz respeito ao que tenho chamado aqui, de modo psicanalítico, de falência das potências do eu. Sennet percebeu o circuito de articulação do dia geral do capitalismo flexível e da noite do fluxo alucinatório do prazer, em um grande regime econômico da imagem, do ponto de vista dos vencedores no regime da imagem: "Os grupos tendem a manter-se juntos ficando na superfície das coisas; a superficialidade partilhada mantém as pessoas juntas evitando questões difíceis, divisivas, pessoais. O trabalho de equipe poderia parecer mais um exemplo, portanto, dos laços do conformismo de grupo. Mas o etos de comunicação e partilha de informação dá ao conformismo um traço particular: a ênfase na flexibilidade e abertura à mudança torna os membros da equipe suscetíveis aos mais leves fiapos de rumor ou sugestão dos outros na rede festa-escritório-almoço-boate.[...] Nessa cultura flexível da imagem e sua informação, previsibilidade e confiabilidade são traços de caráter menos destacados; aqui não há base firme [...] o ditado 'Não deixe que nada grude em você' aplica-se neste caso de forma particular [...]". A referência ao circuito festa-escritório-almoço-boate articula as práticas de dia e de noite do capitalismo avançado como um único sistema de produções sociais, como tenho tentado estudar aqui. Ver do autor *A corrosão do caráter – consequências pessoais do trabalho no novo capitalismo*, trad. Marcos Santarrita. Rio de Janeiro: Record, 2008, p. 129. Também em *The Culture of the New Capitalism* (New Haven: Yale University Press, 2006), Sennet relaciona a desestabilização da vida sobre o novo mundo do trabalho nas grandes corporações e sua nova orientação para uma cultura do consumo ilimitado, que dissolve as velhas noções de propriedade e de alguma narrativa ordenadora do self, sem, no entanto, estabelecer uma nova ordem de liberdade.

31 Na expressão de Simon Reynolds, autor de *Energy Flash: A Journey Through Rave Culture and Dance Culture*, apud Sadie Plant, "Dancers", in *Writing on Drugs*, p. 165.

32 Nomeada por Erika Palomino e o seu povo da boate Hell's de São Paulo dos anos 1990 como a "Nação Hell's", por exemplo. Ver "A tal nação Hell's", in *Babado Forte*, op. cit., p. 79.

33 "A posse de um capital físico passou a ser encarada antes como um estorvo do que como um ativo produtivo. Melhor acessar do que ser simplesmente proprietário. E vice-versa: os provedores da oferta continuam tão proprietários quanto antes e, no entanto, nada mais está à venda como antigamente; a troca de equivalentes entre vendedores e compradores estaria sendo substituída por outro sistema, o do acesso em curto prazo, operando entre servidores e clientes, daí a multiplicação dos procedimentos de locação, concessão, direito de admissão, adesão, assinatura etc. O mercado de acesso é tudo menos um mercado livre. O princípio do acesso é o do controle, basicamente de quem entra e de quem sai, sua lógica é a da barreira e do nicho. Por isto o marketing do acesso precisa inculcar o logro oposto, o da porta aberta [...]". Paulo Arantes, "A viagem redonda do capitalismo de acesso", in *Extinção*, pp. 167-68. Também na visibilidade que imbrica o fetichismo da melhor festa com o valor de capital simbólico de cada personalidade no hype do mercado da imagem "o princípio do acesso é o do controle, basicamente, de quem entra e de quem sai, e sua lógica é a da barreira e do nicho".

34 T.J. Clark, "Um bar no Folies-Bergère", in *A pintura da vida moderna*, pp. 287-88 e 315-17. Peter Stallybrass e Allon White investigam o mesmo tipo de espaço de localização e sobreposição de classes, e ainda de todas as diferenças recalcadas do campo carnavalesco e de transgressão, em um processo de "hibridização" cultural, no espaço ainda muito mais antigo e plural das feiras tradicionais, comerciais, que estão na origem mesmo da estruturação e formação do mundo moderno. Os autores também reconhecem as funções políticas, de longa duração na história ocidental, e estruturalmente psíquicas, deste tipo de espaço social de sobreposição. Ver dos autores *The Politics and Poetics of Transgression*. Recentemente Guilherme Wisnik e Heloísa Lupinacci desenvolveram a intuição de Rem Koolhaas a respeito do espaço fantástico, grotesco, infantil, facilmente tecnológico e sedutor que a experiência da diversão evasiva de massas ocupa na grande metrópole, indicando uma espécie de impasse onírico, entre a liberdade programada e a regressão celebrada, no qual vivem as grandes massas trabalhadoras no capitalismo avançado, no caso exemplar da relação entre Coney Island e Manhattan; em "Coney Island e o divertimento irresponsável". *Serrote*, São Paulo: Instituto Moreira Salles, n. 4, mar. 2010.

35 Curiosamente, em nosso espaço social bem mais lento que a ordem cultural de mercado total da Paris do século XIX europeu, Antonio Candido anotou outro aspecto – que permanecerá também ativo ao longo dos tempos –, o da boêmia socialmente constrangida, próprio ao valor de angústia social da vida pela noite, em seu estudo das composições noturnas de Álvares de Azevedo: "Se estruturalmente o *Macário* e a *Noite na taverna* estão ligados no que toca aos significados profundos haveria nesta ligação uma pedagogia satânica visando desenvolver o lado obscuro do homem, que tanto fascinou o Romantismo e tem por correlativo manifesto a noite, cuja presença envolve as duas obras como ambiente e signo [...]. Com isto deu corpo a um processo em curso entre os moços estudantes, enclausurados em um lugar sem interesse [a São Paulo do século XIX], onde a sua energia transbordava tanto na boêmia e na rebeldia estética quanto na imitação de Byron. O noturno aveludado e acre do Macário suscitou a noite paulistana como tema, caracterizado pelo mistério, o vício, a sedução do marginal, a inquietude e todos os abismos da personalidade. [...] E estou me referindo não apenas às horas noturnas como fato externo, lugar da ação, mas à noite como fato interior, equivalendo a um modo de ser lutuoso ou melancólico e à explosão dos fantasmas brotados na treva da alma. [...] Uma educação pela noite". Antonio Candido, "A educação pela noite", in *A educação pela noite*, 5ª ed., 2006, pp. 16 e 21-22.

36 Id., ibid., pp. 314-15. T.J. Clark prossegue, ressaltando o valor da força social aprisionada no paradoxo: "A palavra 'populismo' é uma invenção do século XIX, e traz embutida desde o início a sugestão de que produzir o popular é arriscado. O que começa como um processo de controle e contenção está sujeito muitas vezes a terminar em governo da plebe. Isso ocorre porque o 'popular' não é apenas uma mercadoria feita com materiais mortos e obedientes esperando para serem retrabalhados e representados com decência. É algo feito com violência real a formas resistentes da vida [...] que são sempre capazes de recapturar o mecanismo de produção. Ao produzir o popular a sociedade burguesa produz o seu contrário, e em grande parte consegue transformar este contrário numa imagem – uma imagem sonegada ou fornecida nos momentos oportunos. [...] O popular existe para obstar acima de tudo a coletividade, e fazer isso significa caminhar sobre uma linha perigosa. Se o entretenimento não propiciar um fac-símile passável daquele outro jeito de apropriação do mundo, fracassará totalmente no intento de arrebatar sua plateia; mas se não conseguir enquadrar e controlar esse fac-símile – se não conseguir fazer dele um espetáculo –, então o outro modo pode tomar posse da canção e conferir-lhe usos imprevistos. [...] Os detentores dos meios de produção simbólica nas nossas sociedades tornaram-se peritos em sobrepujar qualquer estratégia que tenha o intento de obter tais efeitos de modo consistente; porém não podem controlar os detalhes de performance, e não podem se permitir exorcizar o fantasma da totalidade de uma vez por todas da máquina popular". O que tenho tentado demonstrar é exatamente o fato de que tal ambivalência dialética positiva ao redor do espaço popular da diversão de massas parece ter sido superada por um novo estágio, que congrega aceitação social fetichista e dissolução programática do eu.

37 "Uma opção adotada por scholars, curadores, diretores de cinema e artistas nos últimos anos, tem sido a de focalizar o papel das cidades em seus estudos sobre cultura e subjetividades. Visto que as cidades são os principais lugares de interação entre forças globais e culturas locais hoje, um foco em como as principais cidades contemporâneas negociam o impacto da circulação global de pessoas, commodities e tecnologias, de ideias, imagens e produtos culturais é inteiramente salutar. Um estudo da forma urbana e dos imaginários urbanos transnacionais pode estabelecer um arcabouço comparatista importante para o estudo de culturas globalizadoras." Andréas Huyssen, "Literatura e cultura no contexto global", in Reinaldo Marques e Lúcia Helena Vilela (orgs.), *Valores: arte, mercado, política*, 2002. Berlim aparece aqui exatamente como esta espécie de encruzilhada de experiências transnacionais e ponto de fuga de um dos mais fortes espaços de constituição de uma cultura globalizada positiva, como uma das Mecas globais da cultura tecno.

38 A hipermobilidade psíquica, e sua volatilidade, e o correlato desejo de hipermobilidade geográfica, em que o hype das festas e das boates está sempre em outra cidade global, para onde são atraídos os clubbers e os descolados do tempo, têm correspondência com a situação do dinheiro, e sua cultura, bem descrita por Fredric Jameson com base no livro de Giovanni

Arrighi, *O longo século* xx, "A especulação, a retirada dos lucros da indústria doméstica, a busca cada vez mais febril, não tanto de novos mercados (estes também estão saturados), mas de novos tipos de lucros auferíveis nas próprias transações financeiras – estes são os modos com que o capitalismo agora reage e compensa o encerramento de seu período produtivo. O próprio capital começa a ter flutuação livre. Ele se separa do 'contexto concreto' de sua geografia produtiva. O dinheiro se torna, em um segundo sentido e em um segundo grau, abstrato (sempre foi abstrato em um sentido primeiro e básico): é como se, em um certo sentido, o dinheiro, em seu momento nacional, ainda tivesse um conteúdo – tratava-se do dinheiro do algodão, do trigo, da indústria têxtil, das estradas de ferro e assim por diante. Agora com a borboleta se mexendo no interior da crisálida, ele se separa do seu criadouro concreto e se prepara para alçar voo. Sabemos muito bem (mas Arrighi demonstra que esse nosso saber contemporâneo apenas duplica a experiência amarga dos que já morreram, dos trabalhadores desempregados dos momentos anteriores do capitalismo, dos comerciantes locais e também das cidades mortas) que este voo é literal. Sabemos que a fuga de capital existe de verdade: o desinvestimento, a mudança previsível ou brusca para prados mais verdes e para taxas maiores de retorno de investimentos, e para uma força de trabalho mais barata. Mas esse capital flutuante [...] vai começar a viver em um novo contexto, não mais nas fábricas ou nos locais de extração e produção, mas no chão das bolsas de valores [...]. E isso [...] como uma forma da própria especulação: espectros de valor, como poderia dizer Derrida, competindo entre si em uma fantasmagoria mundial desencarnada". Fredric Jameson, "Cultura e capital financeiro", in *A cultura do dinheiro*, p. 150.

39 Nas palavras de T.J. Clark, evidentemente inspiradas pelo onirismo político de Benjamin sobre a ordem da mercadoria. "O estado do espetáculo", op. cit., p. 320.

40 Vejamos a afirmação de um amigo do artista sobre aquilo que animava o embate comportamental e político, no registro da imagem e da luta por espaço no mundo do espetáculo, do ideal clubber de Bowery, em meados dos anos 1980, o mesmo que muitos jovens acreditam sustentar ainda hoje: "Você era o antídoto ideal para o materialismo pobre de espírito dos anos 1980, aquela desprezível busca de um estilo de vida design, como se a vida pudesse ser controlada e quantificada e como se viver tivesse alguma coisa a ver com bom gosto. Você foi como uma explosão e um furacão de halitose que abriu uma clareira na vil invasão e no império yuppie, e sua mentalidade Gti-preto-financiado. O seu hedonismo irresponsável, as suas modas gauches, a sua comemoração de todas as coisas kitsch, vulgares e grotescas foram uma inspiração naqueles tempos de mentalidade estreita.

Mesmo o seu sobrenome (real) era perfeito: Bowery, o bairro baixo, cheio de vagabundos, pobres-diabos e prostitutas, de Nova York, o beco sem saída da cidade mais dura do mundo". Alix Sharkey, "Saturday Night: Born in Sunshine, died in London". *The Independent*, Londres, 7/1/1995. Ver a respeito do artista em Hilton Als, "Cruel History of Youth", in *Leigh Bowery*.

41 O significativo filme de José Eduardo Belmonte, *A concepção* (2005), realiza entre nós muito dos princípios desta cultura. Os versos e temas rimbaudianos, "O caminho do excesso leva ao palácio da sabedoria", "embriaguez sagrada nós te afirmamos método", são os fundamentos manifestos do filme em seu projeto existencial e político em que "ficar preso a si mesmo é igual a morrer", no qual "se quer mais, se quer dividir com os deuses".

42 Note-se a impressionante quantidade de clichês que um habituê típico deste mundo é capaz de formular sobre si mesmo, todos alinhados com o que se discutiu até aqui: "Você sai à noite à procura de... – Paraísos artificiais. – Fica louco quando o DJ toca...– Qualquer música do David Bowie. Tenho vontade de cuspir glitter na pista. – Uma festa perfeita tem... – Muitos amigos, muito champanhe, muito luxo e riqueza em um ambiente cinco estrelas. – Você só vai para casa depois... – Que desligam o som". Trata-se de uma minientrevista em uma revista de celebração e celebridades. *Serafina*, set. 2008, p. 68.

43 J. Roth, "A indústria da diversão de Berlim" [1930], op. cit., pp. 149-50.

44 A moda do final dos anos 1990, na grande época de transição do capitalismo contemporâneo, também representou o aspecto ruinoso de decadência satisfeita, aproximado da violência, da degradação humana, do sadismo e da morte do corpo e do espírito, que tem correspondência com a fantasia irônica de consumação sadomasô própria à noite geral. Ver os paradoxos da moda diante desta nova ordem de violências consentidas no trabalho de estilistas como Ray Kawakubo, John Galliano, Martin Margiela, entre outros, em Caroline Evans, *Fashion at the Edge: Spectacle, Modernity and Deathliness*.

45 "Se 'erudito' se baseava em noções enfáticas de produção, de autoria e de obra de arte, a cultura do Atlântico Norte contemporânea tem sido sujeitada ao princípio do consumo em letras maiúsculas. Esse desenvolvimento não apenas valida a autonomia artística, que na verdade era mais bem protegida pelo estado e seus subsídios que ela é hoje pelo mercado e doadores particulares, como também afeta a própria possibilidade da crítica intelectual. Assim, hoje temos consumo de elite, vários tipos de consumo de gosto médio e gosto popular, diferenciado por geração, níveis de renda e estilos de vida e – do lado da crítica – um contraconsumo imaginário que os estudos culturais celebram como o espaço privilegiado para o

autêntico trabalho crítico nas humanidades. Eu não resistirei à tentação de polemizar com essa noção de contraconsumo. Eu vejo o contraconsumo como a versão impossível que os anos 1990 fizeram da grande recusa de Marcuse. Ele se corporifica na noção do consumidor rebelde que transgride e subverte o bem cultural no ato de consumo. O consumidor rebelde, tipicamente associado à política de identidade de um grupo marginal ou de uma minoria, tomou o lugar do artista de vanguarda, que por sua vez se tornou marginal ou supérfluo. Não o artista como produtor de um novo coletivo e um novo modo de recepção, como Benjamin e Brecht imaginaram, mas o consumidor como bricoleur de significados que permitem escapar da gaiola de ferro do mercado ou do estado. [...] O fim da obra de arte subversiva, de vanguarda, fez surgir o consumidor transgressor. Se aquela se mostrou uma ilusão no fim, este com certeza é uma ilusão desde o início. Sem falar que a argumentação pressupõe uma sociedade afluente e de acesso igualitário aos bens de consumo." A. Huyssen, op. cit., p. 27.

46 A noite tecno administrada, indústria cultural da autodissolução consentida, corresponde fortemente ao movimento da valorização espetacular, empresarial e de massas, da cultura, como ordem compensatória de existência e de vetor ideológico certo no capitalismo contemporâneo. Paulo Eduardo Arantes demonstrou o valor deste movimento: "Agora, entre outros movimentos ciclópicos, o esnobismo das classes ociosas do tempo de Proust e de Veblen tornou-se um logro de massa, como se pode verificar pela sofística assimilacionista da indústria cultural, também ela, como outrora os virtuoses do consumo, estrategicamente empenhada em propagar o mito do consumo aliviado do fardo da produção num momento em que a fragmentação das cadeias produtivas globais generalizou e intensificou o emprego podre, o trabalho penoso e a remuneração degradada, ilusionismo contemporâneo e rigorosamente simétrico deste outro mais clássico que consiste na imagem do dinheiro rendendo juros com a naturalidade com que a pereira pode produzir peras. De quebra, ao anexar as jazidas petrolíferas da Grande Arte, que, em princípio, anima todo artefato cultural contanto que seja 'autêntico', a indústria do autoengano encontrou no culturete o consumidor perfeito, cujo êxtase estético, empresariado por quem de direito, reforça por sua vez a fantasmagoria da economia desmaterializada". Ou ainda: "Pode-se dizer desde logo, sem nenhum exagero, que as várias contribuições para o Pensamento Único que atualmente enlaça dinheiristas e culturalistas também se exprime no reforço, digamos, teórico de algo como um arrivismo universal embora paradoxal pois se desenrolando num mundo em que a mobilidade social se reverteu sem apelação". Ver Paulo

Eduardo Arantes, "Sofística da assimilação", in *Zero à esquerda*, pp. 214 e 218.

47 "A recusa intelectual pode encontrar suporte em outro catalisador, a recusa instintual entre os jovens. É a vida deles que está em risco, e se não a sua vida, a sua capacidade de saúde mental e sua capacidade de viveram como humanos não mutilados. O seu protesto vai continuar por ser uma necessidade biológica. 'Por natureza', os jovens estão na linha de frente da luta por Eros contra a Morte, e contra uma civilização que encurta muito o 'atalho para a morte' ao mesmo tempo que controla os meios para distanciar tal caminho. Mas, na sociedade administrada, a necessidade biológica necessariamente não se realiza imediatamente como ação; organização demanda contraorganização. Hoje, a luta pela vida, a luta por Eros, é a luta política." H. Marcuse, "Political Preface 1966", in *Eros and Civilization*, op. cit. p. xxv.

48 Esta continuidade do espaço lúdico estético da arte e da diversão no espaço do trabalho, da administração e do mercado duro foi claramente percebida pelos próprios administradores. Nas palavras de Matthew Jesse Jackson: "Como a teórica da administração Ève Chiapello escreveu: 'Parte da vida econômica começa a se parecer com o que foi tido até aqui como experiência única do setor artístico... Não se pode mais supor a existência de um mundo da arte cujo funcionamento seria completamente oposto ao mundo econômico'. Andrew Ross descreve este terreno em *No-Collar: The Humane Workplace and its Hidden Costs*, um balanço da turbulenta expansão e explosão do mercado ponto com. Ross estuda a fortuna do pioneiro nova-iorquino da Internet Razorfish, cuja empregada estrela é uma DJ de raves em tempo parcial chamada Shel Kimen. Sendo uma administradora de nível médio na empresa, Kimen descreve a si mesma como 'uma mulher anticorporativa advinda da cultura punk', uma 'criadora de problemas' e 'quebradora de regras'. Ela descreve a sua coordenação idiossincrática como uma 'subversiva forma de performance artística corporativa'." Matthew Jesse Jackson, "Managing the Avant-Garde". *New Left Review*, mar.-abr. 2005, pp. 105-06.

49 Guy Debord, "Comentários sobre a sociedade do espetáculo", in *A sociedade do espetáculo*, p. 191. Na passagem Debord ressalta, em itálico, a ideia de que a engrenagem do espetáculo do capitalismo avançado afeta o sujeito mais do que tudo em sua formação: é este paradoxo psicanalítico, de práticas de existência sobre a ordem total do regime da mercadoria, invertendo e posicionando o sujeito do inconsciente mais que tudo, que tentei desenvolver neste ensaio.

50 Lolita Pille, *Hell*, p. 190. O fato de Lolita Pille ter sido impedida de entrar em boates e algumas festas após a publicação de seu livro adolescente, muito cínico e algo romântico, sobre a sua experiência terminal com o sistema de consumo da noite, demonstra claramente que este mundo suporta qualquer coisa, até a autodissolução, mas não suporta a reflexão. Este mundo simplesmente não pode parar. A mínima reflexividade, como a da putinha socialite de luxo, já aparece como máxima alteridade, e deve ser punida, exatamente como ocorre na máquina geral da cultura de mercado e do valor econômico das coisas. Ao escrever sobre sua experiência, de modo formalmente patético, mas com momentos de grande verdade, Lolita Pille estava expulsando a si mesma do seu clube de luxo e de gozo mortífero.

3
She don't lie

1 Um ótimo tratado contemporâneo sobre o assunto é o livro de *cultural studies* de Sadie Plant, *Writing on Drugs*.

2 F. Nietzsche, "Segundo ensaio: a falta, a má consciência e que nos afigura", in *A genealogia da moral*.

3 Id., ibid., p. 53.

4 "Nietzsche viu no treino da memória o princípio da moral civilizada – especialmente, a memória de obrigações, contratos, dívidas. Esse contexto revela a unilateralidade do treino da memória na civilização: a faculdade foi principalmente dirigida para a recordação de deveres, em lugar de prazeres; a memória foi associada à má consciência, à culpa e ao pecado. A infelicidade e a ameaça de punição, não a felicidade e a promessa de liberdade subsistem na memória. [...] Contra esta rendição ao tempo, o reinvestimento da recordação em seus direitos, como um veículo de libertação, é uma das mais nobres tarefas do pensamento. Nesta função a rememoração (*Erinnerung*) aparece-nos na conclusão de *Fenomenologia do espírito* de Hegel; nessa função aparece-nos na teoria de Freud." Este é o significativo comentário de Marcuse sobre o ponto. Ver do autor, *Eros and Civilization*, op. cit. p. 232.

5 Não há dúvida de que o mundo e o campo da droga têm correspondência com o inventário dos objetos-sonho de Ernst Bloch em *O princípio esperança*, 3 v.

6 A partir daqui me dedico a uma condensada história simbólica da drogadição ocidental, de suas variáveis imaginárias e políticas do ponto de vista do consumo. Para os elementos principais de uma história dura, propriamente econômica, da produção e da repressão internacional ao consumo de drogas, ver Thiago Rodrigues, "Narcotráfico: um esboço histórico". In Renato Pinto Venâncio e Henrique Carneiro (orgs.), *Álcool e drogas na história do Brasil* e, principalmente, Alain Labrousse, *La droga, el dinero y las armas*.

7 Thomas De Quincey, *Confessions of an English Opium Eater*.

8 "A vida, tal como nos coube, é muito difícil para nós, traz demasiadas dores, decepções, tarefas insolúveis. Para suportá-la, não podemos dispensar paliativos. ("Sem 'construções auxiliares', não é possível",

disse Theodor Fontane.) Existem três desses recursos, talvez: poderosas diversões, que nos permitem fazer pouco de nossa miséria, gratificações substitutivas, que a diminuem, e substâncias inebriantes, que nos tornam insensíveis a ela. Algo desse gênero é imprescindível. É para as distrações que aponta Voltaire, ao terminar seu *Cândido* com a sugestão de cada qual cultivar seu jardim; uma tal distração é também a atividade científica. As gratificações substitutivas, tal como a arte as oferece, são ilusões ante a realidade, nem por isso menos eficazes psiquicamente, graças ao papel que tem a fantasia na vida mental. Os entorpecentes influem sobre nosso corpo, mudam a sua química. Não é fácil ver o lugar da religião nesta série." S. Freud, *O mal-estar na civilização*, in *Obras completas*, v. 18, p. 28. Nesta passagem Freud é lacônico em relação ao valor de sentido das drogas, "elas nos tornam insensíveis à nossa miséria". A formulação é precisa e rica: as drogas limitam o desprazer, e como tal estão comprometidas com o princípio do prazer, mas seu efeito também suspende e negativiza algo de nós mesmos, insensibiliza. Freud aponta na direção de nossa interpretação do polo radical negativo de toda droga, o desligamento do vínculo com o objeto.

9 Charles Baudelaire, *Du Vin et du haschish, comparés comme moyens de multiplicacion de lïndividualité Oeuvres Complètes*, p. 304.

10 Id., ibid., p. 308.

11 "Voici le temps des assassins" é a frase final do célebre poema em prosa "Matinée d'ivresse", que para alguns comentaristas diz respeito à experiência do poeta com o haxixe.

12 Curiosamente a situação brasileira do final do século XIX e início do século XX parece ser inversa em relação à radicalidade da existência negativa e dissipada do artista moderno europeu: a boêmia pálida foi rapidamente superada e desqualificada como alternativa pelo movimento ideológico mais amplo, edificante e positivo, em relação à construção da nação, orientado por seus poderes tradicionais. "Rui Barbosa, o bacharel, e Coelho Neto, o literato, dão tons gerais à fragilidade acadêmica desse vício de epígonos, que apropria-se do legado estético de um Machado de Assis ou de um Aluízio Azevedo para ajustá-lo aos arroubos da boêmia romântica em franca decadência. Os tempos então eram outros, e o ritmo acelerado do novo século começava a alterar bastante o panorama cultural do país. A boêmia dourada se dispersava e sofria a concorrência oficial da Academia, da profissionalização do escritor, cada vez mais solicitado pelos jornais e pelas novas revistas que surgiam. Com a incorporação de um número cada vez maior de leitores, o gosto pelo consumo e pela novidade, ao mesmo tempo que acenava com a glória e expandia o mercado, impunha a diversificação do trabalho intelectual e obrigava a novas formas de

se escrever, que passam a repercutir na estrutura dos gêneros". Antonio Arnoni Prado, "Nacionalismo literário e cosmopolitismo", in *Trincheira, palco e letras*. São Paulo: Cosac Naify, 2004, p. 16. Ver ainda a situação historicamente anterior, provinciana e explosiva, da noite romântica de Álvares de Azevedo em Antonio Candido, "A educação pela noite", op. cit.

13 Arnold Hauser, *História social da arte e da literatura*, p. 921.

14 Id., ibid., p. 922.

15 Esta história boêmia tem uma longa vida na cultura sob o capitalismo: "A nova boêmia, os beatniks e os hippies, os andarilhos pela paz – todos estes 'decadentes' hoje se tornam aquilo que a decadência provavelmente sempre foi: um pobre refúgio para a humanidade difamada". H. Marcuse, "Political Preface 1966", in *Eros and Civilization*, op. cit. p. XXI.

16 Jules Huret, "M. Paul Verlaine", in Paul Verlaine, *A voz dos botequins e outros poemas*, p. 83.

17 Id., ibid., p. 59.

18 "Os estudos mais recentes confirmam que desde a adolescência Georg Trakl consumia ópio, clorofórmio, veronal e cocaína. Explica-se: sua mãe, Maria, uma protestante de Praga rejeitada pela comunidade católica de Salzburg, passava os dias fechada no quarto, às voltas com bonecas de louça; os filhos ficavam sob os cuidados de uma governanta. Há quem diga que durante muito tempo Maria foi viciada em narcóticos pesados. Tobias, o pai, era um atacadista próspero, mas faliu quando Georg fazia o secundário. Os biógrafos o descrevem como um homem vulnerável; num poema do filho a figura recorrente do pai se transforma em ancião coberto de lepra. A vida afetiva do poeta estava orientada para a irmã mais nova, Grete, que as fotografias mostram crispada e bela. Foi a única pessoa que ele amou: tornou-a sua amante e induziu-a ao uso de entorpecentes. Costumam identificá-la com a Forasteira e a Monja dos versos da última fase. Depois de estudar piano em Viena Grete casou-se em Berlim com um homem muito mais velho. Georg visitou-a uma só vez, quando ela teve que praticar aborto e quase morreu. Abandonada pelo marido, suicidou-se com um tiro dois anos depois da morte do irmão. O último poema, 'Lamento', refere-se à 'irmã de tempestuosa melancolia'. Sem recursos financeiros próprios, a partir dos dezesseis anos Georg foi obrigado a trabalhar como balconista e funcionário público para ganhar a vida. Mas não fez carreira: esquivo ao convívio e à rotina, ficou duas horas no melhor emprego que teve – um posto burocrático no Ministério do Trabalho. Seu único título na vida acadêmica foi o de farmacêutico; na época o cidadão austríaco podia estudar farmácia sem ter concluído o colegial. É plausível porém que o poeta tenha feito a escolha pensando num acesso mais fácil às drogas. Quem lê seus poemas reconhece

a experiência do drogado: o texto alimenta-se de um cortejo de imagens intensamente coloridas onde deslizam barcas e papoulas. Isso não impede que a dicção da obra seja clara e segura, lembrando um mundo complementar à realidade histórica circundante. Pois esta vivia uma crise sem precedentes desde que a Monarquia do Danúbio perdera as bases de sua sustentação social. Há indícios de que Georg registrou essa ruptura na subjetividade desintegrada do psicótico. Seus melhores poemas – aqueles que dos 25 aos 27 anos escreveu e burilou nas costas de envelopes e guardanapos – falam em noite e decomposição, à qual não falta contudo o brilho tenaz da redenção. Sem dúvida isso remete a Hölderlin, poeta com quem Georg tinha grande afinidade: em 'Patmos' consta que onde há perigo cresce também a salvação. Quando estourou a Primeira Guerra Mundial o poeta alistou-se como voluntário porque estava desempregado. Imediatamente enviado a uma frente de batalha, participou como oficial-farmacêutico da chacina de Grodek, na Galítzia. Foi nela que se viu cuidando de uma centena de mutilados aos quais não podia socorrer por escassez de remédios. Ao seu redor, pendurados em árvores, balançavam os corpos de soldados enforcados por falta de bravura. Georg puxou o revólver e tentou matar-se, mas foi impedido pelos companheiros e despachado com escolta para o sanatório militar de Cracóvia. Diagnosticado como esquizofrênico (dementia praecox) ficou internado quinze dias numa cela acolchoada ao lado de um tenente delirante. Nesse lugar recebeu a visita do amigo e protetor Ludwig von Ficker, a quem entregou os originais dos dois últimos poemas, 'Grodek' e 'Lamento'. Na noite de 3 de novembro de 1914, não se sabe como, tomou uma dose violenta de cocaína e sofreu uma parada cardíaca. O mais provável é que tenha se suicidado. Três dias depois chegava ao hospital, trazendo-lhe dinheiro, o lógico vienense Ludwig Wittgenstein, que admirava sua poesia embora afirmasse não entendê-la. As linhas finais de 'Grodek' dizem o seguinte: 'Uma dor poderosa nutre hoje a chama do espírito, / os netos não nascidos'. Georg já estava enterrado no cemitério Rakowicz de Cracóvia quando saiu na Alemanha *Sebastian em sonho*, coletânea de suas primeiras obras-primas. Ao ler o livro em 1915 Rainer Maria Rilke perguntou: quem teria sido ele?" Modesto Carone, *As marcas do real*.

19 Patti Smith, em seu excepcional *Só garotos*, pp. 114 e 122.

20 O vídeo, de dois minutos e seis segundos, pode ser visto no YouTube, com o título "Paul McCartney LSD Interview". Compare-se com a entrevista recente de Lady Gaga para a *Rolling Stone*: "[...] Preciso acreditar que existe algo maior do que eu. [...] Quando lembro de estar no meu apartamento com picadas de percevejo e baratas pelo chão e espelhos com cocaína por todos os lados e nenhuma vontade ou interesse de fazer qualquer outra coisa além de compor música e me drogar". *Rolling Stone Brasil*, jul. 2010. A situação contemporânea não é a da polidez do beatle, mas corresponde amplamente à cena que gira ao redor do amor por todas as drogas do mundo de Brigid London no filme, então underground, de Andy Warhol, *The Chelsea Girls*, de 1966. O que um dia foi vanguarda underground é hoje o parâmetro para massas de jovens da cultura globalizada.

21 O que está mesmo em jogo nesta transformação do valor estético e social do uso das drogas pela juventude ocidental é a própria assimilação do valor contracultural e político da experiência. Na percepção de Cornelius Castoriadis: "Os grandes movimentos que há vinte anos vêm sacudindo as sociedades ocidentais – jovens, mulheres, minorias étnicas e culturais, ecologistas – certamente tiveram (e conservam potencialmente) uma importância considerável sob todos os pontos de vista, e seria inconsequente acreditar que seu papel esteja terminado. Mas, atualmente, seu refluxo os deixa numa situação de grupos não somente minoritários, mas fragmentados e setoriais, incapazes de articular seus objetivos e seus meios em termos universais ao mesmo tempo objetivamente pertinentes e mobilizadores. Estes movimentos abalaram o mundo ocidental, eles até mesmo o mudaram, mas simultaneamente fizeram com que ele se tornasse ainda menos viável. Fenômeno chocante, mas que finalmente não surpreende, porque, se eles puderam fortemente contestar a desordem estabelecida, não puderam ou não quiseram assumir um projeto político positivo. O nítido resultado provisório que se seguiu a seu refluxo foi o deslocamento acentuado dos regimes sociais sem o aparecimento de novos objetivos de conjunto ou de suportes para tais objetivos". Esta percepção foi enunciada em 1982, e a distância dela até a minha própria avaliação do destino do movimento jovem é a história da tomada hegemônica neoliberal da vida social. Poucos anos depois, em 1986, o próprio Castoriadis avaliava o processo de modo mais sombrio, tentando resgatar em abstrato, o legado crítico de 1968: "A dissolução dos movimentos dos anos 60 anunciou o início, há uns quinze anos, da nova fase de regressão da vida política nas sociedades ocidentais. Essa regressão vai de par com (é quase sinônimo de) um novo 'round' de burocratização / privatização / midiatização ao mesmo tempo que – em um vocabulário mais tradicional – está associada a um forte retorno das tendências políticas autoritárias no regime liberal-oligárquico. [...] Entretanto, ainda que se admitisse que estamos vivendo o fim de um período de embriaguez histórica, iniciado, pela segunda vez, há uns oito séculos nas primeiras comunas burguesas da Europa ocidental, o fim de um sonho de liberdade e de autogoverno, de verdade e de responsabilidade; ainda que se admitisse que estamos hoje em condições de ver, com sentidos sóbrios, a forma enfim encontrada da sociedade política, a verdade definitiva da condição humana sob as formas de Pasqua e de Fabius, de Hernu e de Léotard, de *Playboy* e dos videoclipes, da filosofia pop e das misturas disparatadas pós-modernas; ainda que fosse esse o caso, seria incongruente ver aí o 'sentido' de 1776 e de 1789, de 1871, de 1917 e de Maio de 68, pois, mesmo nesta hipótese de pesadelo, esse sentido terá sido a tentativa de fazer existirem outras possibilidades da existência humana". O primeiro fragmento é de "A crise das sociedades ocidentais", o segundo de "Os movimentos dos anos 60", ambos estão em *As encruzilhadas do labirinto, v. 4: a ascensão da insignificância*, trad. Regina Vasconcelos, pp. 16 e 37-39.

22 "A demanda de mercado pelas várias modalidades de alívio por meio de drogas é muitíssimo mais ampla do que indica a preocupação pública a respeito do vício pesado entre as minorias negras e porto-riquenhas. [...] A meta da indústria das drogas parece ser muito maior do que estabelecer as pessoas que devem, por problemas humanos ou sociais, ter acesso ao tratamento médico via remédios; ela inclui envolver todos os níveis da assim chamada 'saúde pessoal' como consumidores." Bertram Gross, "Sex, Drugs, Madness, Cults", in *Friendly Fascism: The New Face of Power in America*, p. 314. Não escapou a Bertram Gross, ainda em 1980, a função cultural de descompressão, mas também de controle, diante da vida reduzida, estressada e controlada do capitalismo avançado, de drogas, sexo, terapia e cultos. O meu próprio estudo, da esfera da diversão de massas, é o estudo de práticas sociais que podem ser consideradas da natureza do culto, um culto mundano e extático, hedonista e niilista articulado internamente à cultura das drogas.

23 "O tratado-síntese do movimento de normatização internacional [das drogas] é a convenção única da ONU, celebrada em 1961, que estabelece listas de substâncias psicoativas com uso controlado, assim como a relação daquelas que devem ser completamente banidas. O critério fundamental a atribuir legalidade parcial ou total ilegalidade é a noção controversa de 'uso médico': na lógica dos especialistas da ONU, podem ser comercializados – sempre por estreito controle por meio de receitas – psicoativos que tenham propriedades consideradas terapêuticas; os desprovidos de tais características têm toda produção e uso vedado." T. Rodrigues, "Narcotráfico: um esboço histórico", op. cit., p. 295.

24 B. Gross, "Sex, Drugs, Madness, Cults", op. cit.

25 O discurso pela concepção positiva, cultural, de nossa cosmococa também alcança algumas esferas públicas importantes, como não poderia deixar de ser: "Observamos que fomos juridicamente orientados pelos princípios do International Narcotics Control Board, fruto da Convenção da ONU de 1971. Esses princípios, devido ao contexto histórico de quando foram formulados, desconsideram algumas especificidades culturais das nações latino-americanas. Não reconhecem, por exemplo, as tradições culturais das populações indígenas e afrodescendentes, sobretudo os usos ritualísticos e culturais de algumas substâncias psicoativas (como a ayahuasca e a folha de coca). Ao desconhecer tais singularidades e ignorar os diversos contextos culturais, acaba-se por tratar de modo estanque e indiferenciado as distintas apreensões culturais e torna-se incapaz de distinguir as implicações dos diversos usos. O Ministério da Cultura, portanto, pode e deve dar visibilidade à dimensão cultural e afirmar o direito das populações brasileiras de usufruírem dos rituais xamânicos, das expressões indígenas e afrodescendentes – que reivindicam substâncias psicoativas para suas manifestações – e das festas religiosas contempladas pela nossa vasta diversidade cultural. Os usos de substâncias psicoativas inseridos em rituais religiosos ainda padecem, no Brasil e em inúmeros países, de dificuldades para afirmarem-se juridicamente. A lei n. 11.343/06, que regulamenta as políticas brasileiras concernentes às 'drogas', diretamente influenciada por aquela convenção da ONU, ainda não reconhece os usos culturais de certas substâncias psicoativas vinculadas a rituais, tampouco possui classificações e penalizações diferenciadas para os usos tradicionais de 'drogas'. Numa frase: a atual legislação não contempla certas singularidades culturais. A diferenciação entre o consumo próprio – individual ou coletivo – e o tráfico ainda não foi totalmente estabelecida. A ausência de tal distinção acarreta um tratamento de desconfiança moral, policial e legal frente a todos os usuários de substâncias psicoativas, independente de seus hábitos e dos contextos culturais. Precisamos balizar de um modo mais atento e detalhado as relações entre os usos, o consumo, a circulação e os direitos privados dos cidadãos brasileiros. Talvez devamos repensar e reconsiderar a relação entre o Estado, as drogas e os direitos privados. Talvez este seja um passo imprescindível para o amadurecimento das políticas públicas relacionadas às 'drogas'. Apesar do crescente reconhecimento da relevância de abordagens, estudos e pesquisas que enfatizam esses aspectos culturais do uso de 'drogas', ainda persiste uma tendência a atribuir maior legitimidade aos estudos sobre o assunto desenvolvidos no âmbito das ciências da saúde: como a medicina, a farmacologia e a psicologia. As abordagens sociais tendem a ser levadas em consideração somente quando são realizadas no âmbito do crime, do tráfico, da violência urbana ou da pobreza, sendo desvalorizadas quando enfrentam diretamente a questão do uso de 'drogas' e os usos culturais. A incapacidade de lidar com a complexidade do fenômeno das 'drogas' e essa opção por um tratamento unilateral influencia o campo político, onde se percebe o empobrecimento das análises e a ausência dos aspectos socioculturais na concepção das políticas públicas direcionadas a elas". Gilberto Gil e Juca Ferreira, "A cultura, o Estado e os diversos usos das drogas", in Beatriz Caiub Labate, Sandra Goulart, Maurício Fiori, Edward MacRae e Henrique Carneiro (orgs.), *Drogas e cultura, novas perspectivas*.

26 "No Líbano, o general Aoun declara que os sírios desencadearam sua ofensiva para impedir-lhe de controlar os portos pelos quais se exporta a droga. Três tentativas de golpe de Estado aconteceram no Haiti para impedir as investigações sobre as implicações dos militares no tráfico de cocaína. Jornalistas paquistaneses consideram que apenas com o dinheiro que se ganha com o tráfico de heroína seria possível o financiamento de uma central nuclear. Os Estados Unidos invadem o Panamá com o único propósito de prender um narcotraficante; esta operação causa mil vítimas. Estes fatos, entre outros, traduzem e explicam a relação que existe entre as drogas, o dinheiro sujo e conflitos locais. Ninguém mais o duvida. Inclusive o balanço anual das Nações Unidas, que considera a repressão ao tráfico de drogas, afirma, em 1991, que 'as instituições políticas e as economias estão diretamente ameaçadas'." Alain Labrousse, *La droga, el dinero y las armas*, op. cit., p. 13.

27 Ver a discussão da dimensão leninista niilista da vanguarda islâmica, em T. J. Clark "O Estado do espetáculo", op. cit.

28 Walter Benjamin, "O surrealismo: o último instantâneo da inteligência europeia", in *Obras escolhidas, Magia e técnica, arte e política*, v. 1, p. 23.

29 Clement Greenberg anotou também, com precisão, que a experiência da boêmia moderna, de onde emergiu a vanguarda estética, necessitou do universo político e social tenso que a cercava para a definição da sua própria identidade: "[...] Sem a circulação de ideias revolucionárias à sua volta a boêmia nunca teria conseguido isolar seu conceito de 'burguês' para definir o que eles não eram. E sem a ajuda moral das atitudes políticas revolucionárias, eles também não teriam tido coragem de se afirmarem tão agressivamente quanto fizeram contra os padrões da sociedade vigente. Foi preciso realmente coragem para isso, porque a emigração da vanguarda da sociedade burguesa para a boêmia significava também um abandono dos mercados do capitalismo, nos quais os artistas e os escritores haviam sido jogados pela retirada do patrocínio aristocrático." In "Vanguarda e Kitsch", *Arte e cultura, ensaios críticos*, p. 24.

30 S. Plant, op. cit., p. 168.

31 W. Benjamin, "Essai sur la Destruction de l'Expérience", in *Enfance et Histoire*, p. 29.

32 Id., ibid., p. 33.

33 "Em parte ofuscada pela guerra ao terror lançada pelos EUA após setembro de 2001, o combate ao narcotráfico e ao consumo de psicoativos ilícitos mantém um grande destaque na agenda diplomático-militar do país, que aponta diversas zonas de contato entre terrorismo e narcotráfico. [...] Modalidade camaleônica de enfrentamento social, o narcotráfico intercruza incontáveis grupos ilegais, nos setores competitivos e oligopólico, Estados proibicionistas e o lado legal da economia, que se embevece com os narcodólares. Áreas urbanas, florestas cerradas, altiplanos ermos ou movimentadas praças financeiras articulam-se em conexões efêmeras e intercambiáveis à sombra da legalidade. Entendida como estratégia política de controle social e intervenção internacional, a guerra às drogas, em suas dimensões doméstica e global, apresenta-se como uma guerra-fluxo, a um só tempo flexível e visceral, que incita embates em planos diversos, compondo um dos principais campos de batalha contemporâneos." T. Rodrigues, op. cit., pp. 307-08.

34 Ver a matéria "At Last, a Debate", em *The Economist* de 27/6/2009. Não deixa de ser interessante que a revista econômica liberal britânica, cujo interesse é a expansão universal dos negócios e do mercado, seja abertamente a favor a legalização geral do mercado de drogas. Os economistas neoliberais da *Economist* pensam exatamente como os jovens hypados e festeiros do mundo-droga contemporâneo, o estilo, o prazer e o mercado se confirmam amplamente nesta inusitada mas reveladora aliança por mais-valia e mais-valia de prazer.

35 J. Roth, op. cit., p. 148.

36 Matthew Collin e John Godfrey, *Altered State: The History of Ecstasy Culture and Acid House*, p. 4. Podemos comparar o relato com o de Erika Palomino, evidentemente influenciada por ele, em seu "Tomando ecstasy no Hell's", onde também se torna claro o desejo de uma política coletiva no nada da experiência psicodélica e de consumo grupal: "Depois de 25 ou 30 minutos, um formigamento interior, a sensação de ter o peito cheio de ar, sorrisos distribuídos, bem-estar, alegria. Mais um pouquinho e as luzes parecem brilhar diferente; a música quase interage com você; surge mais cheia, mais consistente. Súbito, todos parecem amigos. Todo mundo é legal. Ao ritmo intenso da música, nos sentimos parte de um movimento, nos sentimos parte de alguma coisa, de qualquer coisa. Viramos uma mesma família, viramos uma nação". Palomino também comenta a situação social original da droga: "De fato, a disseminação do consumo do ecstasy na Inglaterra tem a ver com um país acossado pela política agressiva de Margareth Thatcher, que espalhou desemprego, insegurança e baixa remuneração, entre outras situações sociais. [...] O ambiente econômico era cada vez mais severo, e o clima, antipático à política. Sem

manifestos, a cultura do ecstasy tornou-se a cultura do fim de semana, em que as características próprias da droga de superação de inibições e barreiras serviram para eliminar diferenças sociais na busca de uma coletividade até então inédita." Ver *Babado forte*, op. cit., pp. 81 e 84.

37 É exatamente este o impasse que o longo movimento moderno da crítica artística ao capitalismo, segundo Luc Boltanski e Eve Chiapello, encontra em seu momento atual: "[Com relação à crítica] Não deveríamos partir de bases diferentes – o que quer dizer perguntarmos se as formas que o capitalismo desenvolveu nos últimos trinta anos, enquanto incorporava amplos setores da sua crítica artística e os subordinava à produção do lucro, não esvaziaram as demandas por liberação e autenticidade daquilo que lhes dava substância, ancorando-os na vida cotidiana comum?". Luc Boltanski e Eve Chiapello, *The New Spirit of Capitalism*, p. 420.

38 A referência estética para esta ordem do nosso mundo é, de fato, o rap real, urgente e negativo de um grupo como os Racionais MC's: "Molecada sem futuro, eu já consigo ver / só vão na escola pra comer, apenas nada mais / como é que vão aprender sem incentivo de alguém, sem orgulho e sem respeito, sem saúde e sem paz. / Um mano meu tava ganhando um dinheiro, tinha comprado um carro, até Rolex tinha! / Foi fuzilado à queima-roupa no colégio, abastecendo a playboyzada de farinha, / Ficou famoso, virou notícia, rendeu dinheiro aos jornais, hu!, cartaz à polícia / Vinte anos de idade, alcançou os primeiros lugares... superstar do notícias populares / Uma semana depois chegou o crack, gente rica por trás, diretoria. / Aqui, periferia, miséria de sobra. Um salário por dia garante a mão de obra. / A clientela tem grana e compra bem, tudo em casa, costa quente de sócio. / A playboyzada muito louca até os ossos, vender droga por aqui, grande negócio. / Sim, ganhar dinheiro ficar rico enfim, Quero um futuro melhor, não quero morrer assim, num necrotério qualquer, como indigente, sem nome e sem nada, / o homem na estrada". Mano Brown, "Homem na estrada", *Raio x Brasil*, 1993.

39 W. Benjamin, "Pequena história da fotografia", in *Obras escolhidas. Magia e técnica, arte e política* v. 1. De fato tudo parece indicar que o próprio ecstasy foi criado e modulado quimicamente para se articular às novas práticas de diversão, com a emergência da música eletrônica, e também com as novas práticas cibernéticas, da nova era da hiperinformação: "O MDMA foi redescoberto em 1960 por Alexander Shulgin, um dos mais famosos e aventureiros pesquisadores de novas e antigas drogas psicoativas do mundo. [...] O ecstasy multiplica e aumenta sensações, percepções, emoções, sons e imagens, conectando tudo em níveis que parecem durar para sempre através do espaço e do tempo. Ele também pode proporcionar uma lucidez cool na qual o que é normalmente percebido como um difícil nó de problemas pode se apresentar a si mesmo em amplos e serenos aspectos, o que permite que eles sejam percebidos com um grau incomum de clareza. Shulgin relatou que a sua pesquisa da estrutura molecular dos compostos do MDMA foi aperfeiçoada pelo próprio uso da droga: o MDMA dava um senso de espacialidade calmo que permitiu a Shulgin contemplar sua estrutura molecular de ângulos que poderiam de outro modo escapar-lhe. [...] Difícil de descrever mas fácil de sintetizar: o MDMA estabeleceu uma sinérgica / sinestésica interação tanto com a rápida e excitante tensão quanto com a paz lânguida dos sons que a droga inspirou. [...] A dance music dos anos 1990 envolveu-se gradualmente em uma autoconsciente ciência da intensificação das sensações do MDMA. Os produtores da house e da tecno music desenvolveram um repertório, determinado pela droga, de efeitos, texturas e riffs que foram expressamente desenhados para animar os processos que atravessam o corpo sob os efeitos do ecstasy". S. Plant, op. cit., pp. 165-67.

40 Ver a respeito a intensa confusão de mundo adolescente, dissolução orgiástica e coisa séria e absurda das últimas páginas, totalmente voltadas para o padê, de *A Louca,* a novela de Del Candeias sobre a boate. (São Paulo: Dix, 2007).

Bibliografia

AB'SÁBER, Tales A. M. "Morra, Lola, morra". *Folha de S.Paulo*, Mais!, 1/6/2001.

ADORNO, Theodor. "O fetichismo na música e a regressão da audição", in *Benjamin, Horkheimer, Habermas e Adorno*, trad. Luiz J. Baraúna. São Paulo: Abril Cultural, 1983.

AGAMBEN, Giorgio. "Essai sur la destruction de l'expérience", in *Enfance et histoire*. Paris: Payot & Rivages, 2002.

ALS, Hilton. "Cruel History of Youth", in Robert Violette (org.). *Leigh Bowery*. Londres: Violette Editions, 1998.

ANTÔNIO, João. *Ô, Copacabana!* São Paulo: Cosac Naify, 2001.

ARANTES, Paulo. "Sofística da assimilação", in *Zero à esquerda*. São Paulo: Conrad, 2004.

————. "A viagem redonda do capitalismo de acesso", in *Extinção*. Rio de Janeiro: Boitempo, 2007.

ARNONI PRADO, Antonio. *Trincheira, palco e letras*. São Paulo: Cosac Naify, 2004.

ARRIGHI, Giovanni. *O longo século* XX, trad. Vera Pereira. Rio Janeiro/ São Paulo: Contraponto / Unesp, 1996.

BAUDELAIRE, Charles. *Du Vin et du haschish, comparés comme moyens de multiplication de lîndividualité, Oeuvres Complètes*. Paris: Editions du Seuil, 1968.

BAUDRILLARD, Jean. *A sociedade de consumo*, trad. Artur Morão. Lisboa: Edições 70, 2008.

BENJAMIN, Walter. "Franz Kafka: a propósito do décimo aniversário de sua morte", in *Magia e técnica, arte e política – Obras escolhidas*, v. 1, trad. Sergio Paulo Rouanet. São Paulo: Brasiliense, 1993.

————. "O surrealismo: o último instantâneo da inteligência europeia", in *Magia e técnica, arte e política – Obras escolhidas*, v. 1, trad. Sergio Paulo Rouanet. São Paulo: Brasiliense, 1993.

————. *Enfance et historie*. Paris: Payout & Rivages, 2002.

BIZOT, Jean-François. *New Wave*. Paris: Actuel/ Éditions du Panama, 2007.

BLOCH, Ernst. *O princípio esperança*, v. 1, trad. Nélio Schneider. Rio de Janeiro: Contraponto, 2005.

BOLTANSKI, Luc & Eve CHIAPELLO. *The New Spirit of Capitalism*. Londres: Verso, 2005.

BREWSTER, Bill & Frank BROUGHTON. *Last Night a DJ Saved My Life: The History of the Disc Jockey*. Londres: Headline Books, 1999.

CARONE, Modesto. *As marcas do real*. São Paulo: Paz e Terra, 1979.

CASTORIADIS, Cornelius. *As encruzilhadas do labirinto, v. 4: a ascensão da insignificância*, trad. Regina Vasconcellos. São Paulo: Paz e Terra, 2002.

CLARK, T. J. "Um bar no Folies-Bergère", in Sergio Miceli (org.). *A pintura da vida moderna*, trad. José Geraldo Couto. São Paulo: Companhia das Letras, 2004.

————. "O estado do espetáculo", in Sônia Salzstein (org.). *Modernismos*, trad. Vera Pereira. São Paulo: Cosac Naify, 2007.

COLLIN, Matthew & John GODFREY. *Altered State: The History of Ecstasy Culture and Acid House*. Londres: Serpent's Tail, 1998.

DEBORD, Guy. "Comentários sobre a sociedade do espetáculo", in *A sociedade do espetáculo*, trad. Estela dos Santos Abreu. Rio de Janeiro: Contraponto, 1997.

DE QUINCEY, Thomas. *Confessions of an English Opium Eater*. Nova York: Penguin Books, 1971.

DUMAZEDIER, Joffre. *Lazer e cultura popular*, trad. Maria de Lourdes Santos Machado. São Paulo: Perspectiva, 1976.

EVANS, Caroline. *Fashion at the Edge: Spectacle, Modernity and Deathliness*. New Haven: Yale University Press, 2007.

FREUD, Sigmund. "Além do princípio do prazer", in *Obras completas*, v. 14 trad. Paulo César de Souza. São Paulo: Companhia das Letras, 2010.

———. "O mal-estar na civilização", in *Obras completas*, v. 18, trad. Paulo César de Souza. São Paulo: Companhia das Letras, 2011.

GAILLOT, Michel, MAFFESOLI, Michel & Jean-Luc NANCY. *Multiple Meaning, Techno, An Artistic and Political Laboratory of the Present*. Paris: Dis Voir, 1998.

GOFFMAN, Ken & Dan JOY. *Counterculture Through the Ages*. Nova York: Villard (Random House), 2004.

GRAMSCI, Antonio. *Americanismo e fordismo*, trad. Gabriel Bogossian. São Paulo: Hedra, 2008.

GREENBERG, Clement. "A difícil situação da cultura", in *Arte e cultura: ensaios críticos*. São Paulo: Ática, 1996.

GROSS, Bertram. "Sex, Drugs, Madness, Cults", in *Friendly Fascism: The New Face of Power in America*. Boston: South End Press, 1999.

HAUSER, Arnold. *História social da arte e da literatura*. São Paulo: Martins Fontes, 2003.

HURET, Jules. "M. Paul Verlaine", in Paul Verlaine. *A voz dos botequins e outros poemas*, trad. Guilherme de Almeida. São Paulo: Hedra, 2009.

HUYSSEN, Andreas. "Literatura e cultura no contexto global", in Reinaldo Marques & Lúcia Helena Vilela (orgs.). *Valores: arte, mercado, política*. Belo Horizonte: Editora da UFMG/ Abralic, 2002.

JACKSON, Matthew Jesse. "Managing the Avant-Garde". *New Left Review*, mar.-abr. 2005.

JAMESON, Frederic. "Cultura e capital financeiro", in *A cultura do dinheiro*, trad. Maria Elisa Cevasco e Marcos César de Paula Soares. Petrópolis: Vozes, 2001.

KEHL, Maria Rita. *O tempo e o cão*. São Paulo: Boitempo, 2009.

KURZ, Robert. "A ruptura ontológica: antes do início de uma outra história mundial", in Maria Elisa Cevasco & Milton Ohata (orgs.). *Um crítico na periferia do capitalismo: reflexões sobre a obra de Roberto Schwarz*. São Paulo: Companhia das Letras, 2007.

LABATE, Beatriz Caiuby; GOULART, Sandra; ORI, Maurício, MACRAE, Edward & Henrique CARNEIRO (orgs.). *Drogas e cultura, novas perspectivas*. Salvador: Edufba/ Fapesp, 2008.

LABROUSSE, Alain. *La droga, el dinero y las armas*. Madri: Siglo Vientuno, 1993.

MAFESSOLI, Michel. *L'Ombre de Dionysos: contribution a une sociologie de l'orgie*. Paris: CNRS, 2010.

MARCUSE, Herbert. *Eros and Civilization*. Boston: Beacon Press, 1992.

———. "Para a crítica do hedonismo", in *Cultura e sociedade*, v. 1, trad. Wolfgang Leo Maar, Isabel Maria Loureiro e Robespierre de Oliveira. São Paulo: Paz e Terra, 1997.

MELLO E SOUZA, Antonio Candido de. "A educação pela noite", in *A educação pela noite*. Rio de Janeiro: Ouro sobre Azul, 2006.

MERLEAU-PONTY, MAURICE. *As aventuras da dialética,* trad. Claudia Berliner. São Paulo: Martins Fontes, 2006.

NAVES, Rodrigo. *A forma difícil*. São Paulo: Ática, 2001.

———. "Matthew Barney: pop, escatológico", in *O vento e o moinho*. São Paulo: Companhia das Letras, 2007.

NIETZSCHE, Friedrich. *A gaia ciência*, in *Obras incompletas*, trad. Rubens Rodrigues Torres Filho São Paulo: Abril Cultural, 1983.

———. "Segundo ensaio: A falta, a má consciência e que nos afigura", in *A genealogia da moral*, trad. Carlos José de Meneses. Lisboa: Guimarães Editores, 1973.

PALOMINO, Erika. *Babado forte*. São Paulo: Mandarim, 1999.

PASOLINI, Pier Paolo. *Diálogo com Pier Paolo Pasolini, escritos (1957-1984)*, trad. Nordana Benetazzo. São Paulo: Nova Stella, 1986.

———. *As últimas palavras do herege. Entrevistas com Jean Duflot*, trad. Luiz Nazário. São Paulo: Brasiliense, 1983.

PASTA JR., José Antonio. "Literatura em *trance*", in Del Candeias. *A louca*. São Paulo: Dix, 2007.

PILLE, Lolita. *Hell: Paris-75016*, trad. Julio Bandeira. Rio de Janeiro: Intrínseca, 2003.

PLANT, Sadie. *Writing on Drugs*. Londres: Faber and Faber, 1999.

REYNOLDS, Simon. *Energy Flash: A Journey Through Rave Culture and Dance Culture*. Nova York: Picador, 1998.

RODRIGUES, T. "Narcotráfico: um esboço histórico", in Renato Pinto Venâncio & Henrique Carneiro (orgs.). *Álcool e drogas na História do Brasil*. São Paulo: Alameda / PUC-MG, 2005.

ROSS, Andrew. *No-Collar: The Humane Workplace and its Hidden Costs*. Filadélfia: Temple University Press, 2004.

ROTH, JOSEPH. "A indústria da diversão de Berlim", in *Berlim*, trad. José Marcos Macedo. São Paulo: Companhia das Letras, 2006.

SALZSTEIN, Sônia. "Cultura pop". *Novos Estudos Cebrap*, n. 76, nov. 2006.

SANTOS, Milton. "Elogio da lentidão". *Folha de S.Paulo*, Mais!, 11/3/2001.

SCHWARZ, Roberto. "Nota sobre vanguarda e conformismo", in *O pai de família e outros ensaios*. São Paulo: Paz e Terra, 1978.

———. "Cultura e política, 1964-1969", in *O pai de família e outros ensaios*. São Paulo: Paz e Terra, 1978.

SELIGMANN-SILVA, Márcio. "Espaço, aceleração e amnésia: a arte como dispositivo de (re)inscrição". Disponível em: ‹http://forumpermanente.incubadora.fapesp.br›. Acesso em: 26/7/2012.

SENNETT, Richard. *The Culture of the New Capitalism*. New Haven: Yale University Press, 2006.

———. *A corrosão do caráter: consequências pessoais do trabalho no novo capitalismo*, trad. Marcos Santarrita. Rio de Janeiro: Record, 2008.

SERBIN, Kenneth. "A era da modéstia". *Folha de S. Paulo*, Mais!, 19/10/2008.

SHARKEY, Alix. "Saturday Night: Born in Sunshine, died in London". *The Independet*, Londres, 07/1/1995.

SMITH, Patti. *Só garotos*, trad. Alexandre Barbosa de Souza. São Paulo: Companhia das Letras, 2010.

STALYBRASS, Peter & Allon WHITE. *The Politics and Poetics of Transgression*. Ithaca: Cornell University Press, 1986.

TALESE, Gay. "A festa acabou", in *Fama e anonimato*, trad. Luciano Vieira Machado. São Paulo: Companhia das Letras, 2004.

WINNICOTT, D.W. *Explorações psicanalíticas*, trad. José Octávio de Aguiar Abreu. Porto Alegre: Artes Médicas, 1994.

————. *O brincar e a realidade*, trad. José Octávio de Aguiar Abreu e Vanede Nobre. Rio de Janeiro: Imago, 1975.

WISNIK, Guilherme & Heloisa LUPINACCI. "Coney Island e o divertimento irresponsável". *Serrote*, n. 4. São Paulo: Instituto Moreira Salles, mar. 2010.

ZIZEK, Slavoj. "Corra, Lola, corra". *Acheronta*, n. 12, dez. 2000.

Agradecimentos

Este trabalho não seria possível sem a ajuda e a leitura generosa de muitas pessoas, que estão presentes aqui em muitas dimensões e profundidades. Em primeiro lugar é necessário dizer que devo quase tudo do que sei sobre este mundo, e mais ainda o que não sei, a Naira Assis, a quem agradeço com amor. As leituras de Leopoldo Waizbort, de Miriam Habib, de Lenise Yamin, de Cecília Galetti me foram muito estimulantes e proveitosas, agradeço o interesse verdadeiro de todos. A Miriam agradeço também o privilégio de ter podido discutir estas ideias e um destes ensaios nos "sábados com os filósofos" do Instituo Kora de Clínica Social, que ela dirige com sabedoria. A Ricardo Lísias agradeço a leitura cuidadosa. A Julia Abs, Aline Bonamin e Daniel Augusto, da companhia de dança Vitrola Quântica, sou grato pelo grande interesse e pela discussão viva destas ideias, bem como pelo prazer especial de elas terem participado organicamente do espetáculo *She's Lost Control*, trabalho de arte exatamente sobreposto ao mundo que tento entender aqui. A Paulo Arantes e ao grupo de estudos críticos das quartas-feiras à noite na Universidade de São Paulo devo, no mínimo, alguma revisão de perspectiva, além da ótima discussão do trabalho. A Jorge Sallum agradeço nossa "edição do autor". Muito obrigado a todos.

É uma grande alegria para um psicanalista que suas ideias algo remotas possam participar um pouco da vida de sua cidade e todos estes amigos me proporcionaram esta experiência rica. Por fim, a Milton Ohata, amigo e editor, com seu interesse constante e sua sustentação tranquila, devo a força de ter podido ir até o fim, por enquanto.

Sobre o autor

Tales A.M. Ab'Sáber nasceu em 1965 em Porto Alegre. Formou-se em cinema pela Escola de Comunicações e Artes da Universidade de São Paulo, onde também fez mestrado, sob orientação de Ismail Xavier. Em 1995 defendeu sua tese de doutorado no Departamento de Psicologia da mesma universidade, publicada em 2005 com o título *O sonhar restaurado*. Aprofundou e articulou o pensamento dos psicanalistas Wilfred Bion e Donald Winnicott, ambos baseados no trabalho de Sigmund Freud. Com esse livro, ganhou o Prêmio Jabuti em 2006. Tales Ab'Sáber é ensaísta dedicado ao estudo da imbricação de cultura contemporânea e subjetividade, com particular interesse na situação do Brasil no mundo. Seu trabalho busca se inscrever na tradição do pensamento crítico dialético brasileiro, com origem em Caio Prado Jr., Antonio Candido e Paulo Emilio Salles Gomes. Tem ensaios publicados na grande imprensa e em revistas especializadas. Realizou, em parceria com Rubens Rewald, o filme-ensaio *Esperando Telê*, sobre a história do futebol brasileiro. Além do trabalho teórico, Tales dedica-se à clínica da psicanálise e é professor de filosofia da psicanálise no curso de filosofia da Universidade Federal de São Paulo (Unifesp).

Livros

Lulismo, carisma pop e cultura anticrítica. São Paulo: Hedra, 2011.

O sonhar restaurado – formas do sonhar em Bion, Winnicott e Freud. São Paulo: Editora 34, 2005.

A imagem fria - cinema e crise do sujeito no Brasil dos anos 80. Cotia: Ateliê Editorial, 2003.

Artigos, ensaios e capítulos de livros

"À contraluz: Uma pequena história da psicanálise da religião", in David Calderoni (org.). *Psicopatologia: Vertentes, diálogos*. São Paulo: Via Lettera, 2002, pp. 121-32.

"Quatro ensaios de dialética infantil". *Percurso*, v. 30, 2003, pp. 124-26.

"Mimese do humano, crítica da desumanização: Uma leitura de Manuel Bandeira", in José Antonio Pasta Jr. & Jacqueline Penjon (orgs.). *Littérature et Modernisation au Brésil*. Paris: Presses Sorbone Nouvelle, v.1, 2004, pp. 173-203.

"A criatividade de Winnicott". *Viver Mente e Cérebro Especial*, v. 1, 2005, pp. 70-77.

"Ilusão e Ilusões na Psicanálise". *Ide*, v. 42, 2006, pp. 25-31.

"Dois mestres: crítica e psicanálise em Machado de Assis e Roberto Schwarz", in Maria Elisa Cevasco e Milton Ohata (orgs.). Um crítico na periferia do capitalismo: Reflexões sobre a obra de Roberto Schwarz. São Paulo: Companhia das Letras, 2007, pp. 321-52.

"Inconsciente (Alfabeto Serrote)". *Serrote*, v. 5, 2010, pp. 176-81.

"A voz de Lula". *Serrote*, v. 10, 2012, pp. 63-71.

Coordenação editorial **Milton Ohata**
Revisão **Maria Fernanda Álvares, Cássia Land** e **Débora Donadel**
Projeto gráfico **Paulo André Chagas**
Produção gráfica **Lilia Góes**

Nesta edição, respeitou-se o novo Acordo Ortográfico da Língua Portuguesa.

Dados Internacionais de Catalogação na Publicação (CIP)
(Câmara Brasileira do Livro, SP, Brasil)

Ab'Sáber, Tales A. M. [1965-]
A música do tempo infinito: Tales A.M. Ab'Sáber
São Paulo: Cosac Naify, 2012
160 pp.

ISBN 978-85-405-0256-7

1. Cultura e tecnologia 2. Estética
3. Indústria cultural 4. Música - Aspectos sociais
5. Música eletrônica 6. Psicanálise e cultura

I. Título.

12-11171 CDD-786.74

Índices para catálogo sistemático:
1. Cultura da música eletrônica: Psicanálise 786.74

Cosac Naify
rua General Jardim, 770, 2º andar
01223-010 São Paulo SP
[55 11] 3218 1444
cosacnaify.com.br
atendimento ao professor [55 11] 3218 1473

FSC
www.fsc.org
MISTO
Papel produzido a partir de fontes responsáveis
FSC® C019498

A marca FSC® é a garantia de que a madeira utilizada na fabricação do papel deste livro provém de florestas que foram gerenciadas de maneira ambientalmente correta, socialmente justa e economicamente viável, além de outras fontes de origem controlada.

ISBN 978-85-405-0256-7

Fontes **Lexicon** e **Replica**
Papel **Alta alvura 90 g/m²**
Impressão **Geográfica**
Tiragem **1500**